感情を整える

〈新装版〉

桜井章一
Sakurai Shoichi

JN121652

PHP

撮影　北村泰弘
編集協力　髙木真明

まえがき

人間から感情が消えた……!?

そう思いたくなるようなことが最近多い。消えた感情の代わりに現れたものは何かというと、人工的なつくりものの感情である。

笑ったり、泣いたり、喜んだり、悔しがったり、たしかに感情の形はしているものの、どこか人工的なつくりものの匂いがする。世間を見渡すと、そんなタイプの感情がとても多くなった印象を受けるのは、おそらく私一人だけではあるまい。

いまの人は不安や寂しさ、怒りといった感情に悩んでいるケースが非常に多いが、それは感情が人工化してきていることと、けっして無関係ではないのだ。

というのも、感情が人工化すると、生の天然の感情が抑えつけられ、それによって感情の流れが滞《とどこお》り、感情の整理がちゃんとできなくなるからだ。そのために、ちょっとした不安や寂しさ、怒りといった感情が必要以上に増幅され、尾を引いたりするのである。だとすれば、そのようなマイナスの感情を減らすには、人工化した感情を素の天然の感情に戻していくことが大きな鍵となるはずだ。

それにしても、なぜ人工的な感情がこれほどまでに増えたのだろうか。

ダジャレではないが、人工的な感情は「勘定」に似ていると思う。

つまり、損か得かだ。損か得かで動くには、素の天然の感情を出すわけにはいかない。代わりに人工的な感情をつくって出したほうがスムースに行動できる。

いまの人が損か得かといった勘定ばかりするようになったのは、いうまでもなく効率主義や合理主義を軸とした経済的な価値観が、この社会では何よりも優先されているからである。

つまり、人工的な感情を素の天然の感情に戻す一つの方法は、損か得かといった経済的な価値観から離れたところで、ものごとを考え、行動する機会を増やすことである。

たとえば、損か得かでなく、気持ちがいいかよくないか、楽しいか楽しくないか、好きか嫌いか、そんな感情をもっと優先させながら行動していけばいいと思う。

そうすれば天然の感情はもっと素直に出てくるようになり、感情の流れがよくなるはずだ。何よりも素の感情で生きるのは気持ちがいい。

お金とモノを豊かにする生活ではなく、感情を豊かにする。豊かな感情は生活や人生そのものを豊かにし、あなたの可能性を大きく広げていくだろう。

人工的な感情を操れば得はするかもしれないが、それは人生の心地よさということとは関係がない。

しかし、〝勘定生活〟から〝感情生活〟へと舵《かじ》を切れば、人生は損得ということを超えて、間違いなく楽しくて気持ちいいものになっていくはずである。

豊かな感情ですごす生活には、特殊な技術は何もいらない。それは気持ちの持ち方を少し調整するだけで、今日からすぐ始めることが可能なのである。

さて、10年と少し前に刊行し、その後文庫にもなったこの本が装いを変えて三度《みたび》世に送られることとなった。

その分歳も取り、この春には麻雀から引退したが、思いは変わらない。

二〇二四年六月　桜井章一

新装版　感情を整える◉目次

第三章　素の感情が人生を好転させる

第四章 折れない心をつくる

第五章 平常心で生きる

ブックデザイン／橋元浩明（sowhat.Inc）

第一章

感情を活かす技術

感情はもっと本能的なもの

「感情」という言葉を前にしたとき、あなたはどのようなイメージを抱《いだ》くだろうか。

「感情はできるだけ抑えるべきものだ」「感情をむき出しにするのはみっともない」「仕事で感情を出すのはよくない」「感情をいかにコントロールするかで勝負は決まる」……。

感情という言葉から導かれるイメージは、こんなネガティブなものが多いのではないだろうか。

理性的なものが強い価値をもつこの知的な社会にあって、感情というものは一段低くみられる対象にあることは否定できない。

ほとんどの人にとっては、理性や知性は感情より重要なものなのだろうが、私はそれとは反対に、感情こそ理性や知性より数段も重要だと思う。

それは、理性や知性よりも感情のほうが「自然」に近いところにあるからだ。

われわれ人間は、自然から生まれた生命体なのに、自然からもっとも遠く離れたところで生きているおかしな生き物だ。

自然界の生き物には理性や知性といったものはない。正確にいえば、彼らなりの理性や知性というものはあるかもしれないが、少なくとも人間のそれとはまったく次元の違うものだ。

自然界にないものをつくりだす人間の知性は、脳が著《いちじる》しく発達したヒトだけがもてるものであり、すべての生き物のなかでは極めて異色のものだ。その事実が人間に自分たちは選ばれた存在だという優越感をもたらす。感情を理性や知性より下にみるのもそうした流れからなのだ。


環境問題、戦争、食糧問題、ストレス社会、うつ病、経済問題……人類が抱えるさまざまな問題のほとんどは、自然から離れすぎてしまったことから起きている。

できることなら、人はもう少し自然のほうへ戻るべきではないか。物理的にそれが不可能なら、せめて閉ざされた本能の目を開かせ、自然の感性を呼び覚ますことが大事ではないか。そんなことを常々私はいっているが、人工的な文明の快楽と便利さに慣れてしまった現代人にとって、それはなかなか容易にできるものではない。

だが、何の工夫もテクニックも必要とせず、いまからすぐにいくらかでも自然に近づく方法はある。それは、ただ感情を素直に解放することなのだ。

感情は本来、本能という自然に近いものから出てくるものである。

ところが、いまの人はあまりにも人工的な環境で生きているために、感情までもが人工的なものになってしまった。そして、うつ病や怒りといった心のトラブルは、感情が人工化していることと深い関連があるのである。

人工的な感情ってなんだ？　ピンとこない人も、なかにはいるかもしれない。

ハンバーガーチェーン店やデパートで見かける、「いらっしゃいませ！」「ありがとうございました！」といっているときの店員の溢れんばかりの笑顔は、心の底から嬉しくて笑っているわけではない。マニュアルによって、接客のときはにこやかに、笑顔でいなさいと指導されているから、笑い顔を人工的につくっているだけの話である。

誰がやっても似たような笑い顔になる。つまり、人工的な感情には個性がないのかもしれない。

人工的な感情を日常的に出しているのは、別にハンバーガーチェーン店やデパートの店員に限らず、それこそ会社でデスクワークをしている人たちもさして変わらないだろう。

会社では上司や部下や同僚に対してどう振る舞うか、それぞれの立場によって感情の微妙なコントロールに腐心《ふしん》し、会社の外では取引先に極力感情を抑えながら応対する。会社の内でも外でも生の感情を出す機会はほとんどない。

仕事を終えて学生時代からの昔の友人などと飲みにでもいけば、そこでようやく抑えていた生の感情が噴き出すのである。


ブラジルで生まれ育った日本人のある歌手が、新聞のインタビューで話していたが、ブラジル人はお酒を飲んで人が変わるということがないそうだ。もともと陽気なのがさらに陽気になったりはしても、人間性が変わるという人はこれまで一人も見たことがないという。かたや日本人は、お酒が入るとふだん暗い人が突然陽気になったり、周りから温厚な性格だと思われている人がひどく攻撃的になったり、人格がガラリと変わる人がごろごろいる。

ブラジル人が感情を日常生活のなかで自然に出しているのとは対照的に、日本人は生の感情を内に溜めて出さない人が非常に多いということだろう。

引退した力士の高見盛は、実力がずばぬけていたわけではないのに、なぜあれほどまでに人気があったのだろうか。

それは、彼が土俵の上で生の感情を全身で表現したからにほかならない。花道を歩いて土俵に上がるときの、緊張でいっぱいいっぱいの表情、土俵上で激しく気合いを入れるときの人々の笑いを誘う顔、激しい動作で緊張を振りほどくときのひどく真剣な表情……一挙手一投足すべてに感情がフルに込められていて、見るほうは目が離せない。客は彼の相撲を見るというより、そこで目一杯表現される感情を見たいのだ。

ふだん生の感情をなかなか出せない人が多いからこそ、高見盛の感情の出し方を見て、ストレスや屈託が一瞬消えてしまうようなカタルシスを覚えたりする。素直な生の感情というのもは、人の心をとらえて離さない強い力をもっているのである。

「自然から生まれた生命体なのに、
あまりにも人工的な環境にいるから
どうしても感情がひずんでしまうのだ。

感情をうまく整理する

上司に対してはいい顔をして、部下には怖い顔をする。そんなふうに相手の立場によって自分の感情を操る人でも、友だちや家族など気の置けない人と一緒にいるときは、素の感情を出しているに違いない。

職場やサークルなどで生の感情を殺しても、こうした気の置けない人が周りにいれば、まだ感情は救われるんじゃないか。そう思う人もいるだろう。

しかし、生の感情を殺しすぎると、その反動は必ず大きくなるものだ。

ストレスが溜まって人にとげとげしくなったり、思いやりをなくしたりする。怒りや悲しさや不安をぶつけたりする。嫌な感情を家族や友だちに出してしまうのだ。生の感情がいいといっても、マイナスの感情ばかりが出てしまうのは問題である。

職場で感情を抑えすぎず、適度に素を交えて出している人であれば、友だちや家族に対しても、そう嫌な感情を出すことはないだろう。

だが、人工的なものが複雑に絡み合ういまの社会にあっては、生の感情を素直に出す機会はどうしても減ってしまう。効率主義や功利主義の風潮が強くなればなるほど、人間関係も表面的な付き合いばかりになっていく。

その結果、生の感情は出口を失い、人工的な感情ばかりが目立ってしまうのだ。

今日、多くの人が不安や怒り、寂しさといった感情に悩んでいるのも、結局、このように人工的な感情を前面に出しすぎて、天然の素の感情を自分のなかで殺してしまっているからなのである。

つまり、マイナスの感情を減らそうと思えば、人工的な感情を素の感情に戻していけばいいのである。

日々ストレスを感じやすい人は、このように天然の感情の表現が思うようにできない環境で生きていることを、まず自覚すべきではないだろうか。その上でほんとうにいきいきとした感情を、日頃どれだけ出せているかを自問するといいと思う。

「私は十分、感情的に生きている」

そう思っている人でも、自分は生の感情を果たして毎日素直に出せているか、もう一度見つめてみるといい。

もし、自分の内側だけで葛藤や不安や怒りや哀しさや悔しさが渦巻いているようなことがあれば、その人は私のいう意味での感情的な生き方をしているとはいえない。

心の内側で激しく感情が渦巻いているような人は、たしかに理性よりも感情のエネルギーのほうが勝っているかもしれない。だが、それは感情にとらわれ、縛られているだけであって、素直にいきいきとした感情を解放するという健全な感情のあり方からはほど遠いのだ。

感情は本来、川のように流れるべきものだ。

水は流れなければ澱《よど》んで腐ってしまう。それと同じで感情を素直に出さず、抑え込んでばかりいると感情は滞り、心はバランスを崩す。近年急増しているうつ病はこうした感情の滞りから生じるものだと思う。健やかな心をもっている人は感情の流れがいい。感情の流れがいいのは感情の整理が上手ということでもある。

感情の整理がうまい人は、マイナスの感情が生じたらプラスの感情を入れて薄めるとか、切り替えを早くしていつまでも引きずらないといった工夫が自然にできる。ストレスを引き起こしたり、人間関係をややこしくするマイナスの感情が出てくれば、さっさと整理してゴミ箱に捨てることができるのである。

心のなかもさまざまな感情で乱雑に散らかっていれば、部屋の掃除や整理と同じで、ちゃんと掃除をしたり、整理をするべきなのだ。整理されることで感情はまた本来の活きのよさを取り戻すことができる。

感情の整理が下手な人は、結局感情に翻弄される生き方になってしまう。感情は理性より下にあるものだと思ってナメてはいけない。感情をいかに整理するか、その工夫次第で生き方もまた、かなり変わってくるのだから。


感情というものは、ちょっとした材料を加えるだけで微妙な化学変化を起こす。

感情の整理がうまい人は、嫌な感情を抱えているときにどんな素材を混ぜれば薄まるかということをよく知っている。

たとえば、その素材の一つは「感謝」である。

マイナスの感情を溜め込みやすい人は、自分一人で何でもやっていると思い込みがちである。だが、一人でできることなど、ほとんどない。実際はいろいろな人の力が加わって何事もできるものだ。

その想像力がないと、自分一人でこれだけのことをやっているのに報われない、という不満や怒りが生じるのである。

何事も自分一人の力だけでできるものではないということがわかれば、いろいろな人への感謝の気持ちが湧いてくる。そこからさらに根源的なところへ遡《さかのぼ》れば、自分の存在が自然から恵まれたものであることへの感謝も湧いてくる。

感謝はマイナスの感情を薄める最大の特効薬なのだ。

このように感情は料理と同じで、不味《まず》いなあと感じる感情には、美味しく感じられる感情を調味料としてかけるといいのである。

もし、あなたにマイナスの感情が生じたとき、怒りの感情のときはこういう感情を混ぜるとか、悲しみの感情が湧いてきたときはこの感情をもってくるとか、自分なりのレシピをつくっておくといいと思う。

そういう習慣ができれば、一つの感情にとらわれてにっちもさっちもいかなくなるなどということは、少なくともなくなるはずである。

「感情の整理がうまい人は、嫌な気持ちにちょっとした材料を加えるだけで、微妙な化学変化を起こすことを知っている。

感情をバランスよく出す

感情表現が激しい人と乏《とぼ》しい人がいる。

たとえば、しょっちゅう笑ったり泣いたり、感情表現の振れ幅が激しい人というのは感情を面《おもて》に出しているから、感情を抑えて出さない人よりいいのではないか、と思うかもしれない。

だが、このタイプは俗にいう情緒不安定な人である。感情の振れ幅があること自体はいいが、しょっちゅう振れているのは問題があるということだ。

感情の振れ幅については、喜びや楽といったプラスの感情を大きく膨らます努力をすれば、反対のマイナスの感情の幅は小さくなるんじゃないかと考える人もいると思う。だが、プラスの感情の幅が大きくなれば、その分マイナスの感情の幅が小さくなると考えるのはちょっと違う。

マイナスの感情の振れ幅を小さくするには、日頃から反対のプラスの感情の幅も小さくするといいのだ。

たとえば、嬉しいことがあっても、いつまでもその喜びに浸《ひた》ったりしないのである。嬉しいからといっていつまでも反芻《はんすう》せず、さっと元の感情に戻ればいいのだ。

要はプラスの感情を、自分のなかでオーバーにとらえないということである。プラスの感情を大きく扱う習慣がある人は、反対にマイナスの感情が湧いたときも大きく扱ってしまうのだ。

プラスの感情だからといって、必要以上にそれにとらわれることがなければ、プラスの感情の幅も必要以上に大きくなることはない。そうやってプラスの感情の幅が小さくなれば、自然とマイナスの感情の幅も小さくなるのである。


情緒不安定なタイプとは反対に、感情らしい感情をほとんど出さない人がたまにいる。私が主宰している麻雀道場にもそんな子がいる。

彼はふだんサラリーマンをやっていて、もの静かで温厚な雰囲気をもっている。しかし、仲間ともあまりしゃべらないし、みんながわいわい騒いでいるときも感情をあまり出すことがない。傍《はた》から見ていると、ボサ〜ッとしているというか、何を考えているかわからないのである。

おそらく彼は、「理性的な人になるように」と親から育てられたのだろう。理性のガードでガチガチに自分を守って、それを下ろせなくなっているのだ。理性のガードを下ろして感情を出すのは、人間としてレベルが低いとどこかで思い込んでいるのである。

感情を面に出さないのは、ただ素直な感情の出し方がわからないからで、そういった人は感情の澱《おり》が深いところに溜まってどこか心のバランスが崩れていることがある。

かといって「もっと感情を出せよ」と発破《はっぱ》をかけても、長年の習慣でそうなっているのであり、とても無理な話なのだ。

そこで私は、彼に対して意表を突く変化球を投げてみた。「お前、不良になってみろ」といったのだ。もちろんそれは悪の道に進めということではなく、道場にいるときにちょっと不良のスタイルで通してみろという意味である。

彼はきょとんとした顔で、

「不良ってどうすればいいんですか？」

と聞いてきた。それに対して私はこうアドバイスした。

「まず睨むんだよ。恰好《かっこう》もチンピラがはいているような、ダボダボのズボンにしてみなよ」

私が睨み方の手本を見せると、彼は覚悟を決めたように眼付《がんつ》けの練習をやり始めた。最初はぎこちない感じで周囲の笑いを誘ったが、何度もやっているうちに攻撃的な不良の感情が顔に出るようになってきた。

さらに吸ったことのない煙草《たばこ》を買ってきて、不良っぽくふかすポーズも練習した。ゴールデンバットという苦くてきつい煙草だ。初めのうちは「ゴホッ、ゴホッ、ゴホッ」と激しい咳をして、拒絶反応を起こしていたが、そのうち自然体でふかすことができるようになった。

そんなことを繰り返しやっているうちに、それまでの真面目一本な感情を捨てるのが気持ちよくなってきたのだろう、最初は不自然だった不良のスタイルも、かなり堂に入ってきた。

そしておもしろいことに、攻撃的な不良の感情が自在に出せるようになると、今度はふつうの感情が自然と出せるようになってきたのだ。

おかしいときは笑い、辛《つら》いときは辛く、嬉しいときは嬉しくという当たり前の感情が、少しずつだが出せるようになったのだ。

つまり、街の不良を真剣に演じてみることで、それまで感情を覆っていた硬い壁の一部が決壊《けっかい》したのである。壁が崩れたことで、いろいろな感情が素直に噴き出てきたわけだ。

変化したのはそれだけではなかった。

それまでは、彼はいろいろなことに気付けない鈍感な子だったのに、いろいろなことに気付くようになったのだ。ここは汚れているなと思ったらさっと掃除をするとか、客人が道場に来たらさっと上着を預かりにいくとか、自分のことしか眼中になかった子が、人のことに気付いて動けるようになったのである。

気付きというものは、感情が閉じているとなかなかできないが、反対に感情が動くといろいろなことに気付けるようになるものなのだ。

以前の彼のように、いつも理性中心で動いている人というのは、感情があまり動かないから、気付きのできない人が多い。

たとえば満員電車に年配の方が乗ってきたら、感情が柔らかく動いている人は頭で考えることなくさっと席を譲れるはずだ。

ところが理性で動く人はお年寄りの存在を気にも留めないか、あるいは気付いても、ここで譲ったらあと何駅も立っていなきゃいけないなどと計算して、席を譲らなかったりするのである。

そう考えると、ほんとうの優しさというものは、理性からは生まれないことがわかる。「あの人って親切で優しいな」と思っても、それが理性から出てきたものであれば、その優しさはたいてい計算されたものだ。もちろん、そんな優しさに惑わされてはいけないのである。

理性や知性を重視するいまの人のカンジョウは、「感情」でなく損か得かを計算する「勘定」が支配的になっているのかもしれない。すなわち、人工的な感情というのは、こうした勘定からつくられるものでもあるのだ。

経済的な価値観が圧倒的な社会に生きていると、何でも損か得かのモノサシでみる感覚が身についてしまう。

人間関係にかんしても、あの人とは付き合っておくと得するから付き合おうとか、この人にはこういう振る舞いをすると後で見返りがあるなとか、そんな計算をいつも自然としているのではないだろうか。

感情でなく勘定で人と接するのであれば、人はモノとさして変わらない。勘定で人と接している本人もまた、周りの人から勘定に入れられ、モノのような扱いを受けるのだ。

そんな関係のやりとりを重ねていけば感情は活力を失い、人工的なモノのようになってしまうのは当然なのである。

そんな損得の勘定ばかりしている「勘定生活」は、得はするかもしれないが、断じて人生の心地よさとは無関係である。

かたや、天然の感情を素直に出す「感情生活」は、損得を超えて気持ちのいい豊かな人生を導くはずだ。その意味でわれわれはもっと感情を豊かに生活することを大事にしていくべきだと思う。

「プラスの感情もマイナスの感情も小さくすると、
バランスがとれて楽になる。
感情をうまく出せれば、
大切なことに気付けるようにもなっていく。

マイナス感情を小さくする

麻雀は東南西北《トンナンシャーペー》の順番で、限りなくグルグルと回る。

私は、自分だけが上がればいいという一方通行の麻雀ではなく、勝敗でもツキでもグルグル回って、また自分に返ってくればいいという感覚で麻雀を打ってきた。

この円を描くという感覚は、感情についても同じことがいえると思う。

もし、あなたがマイナスの感情に強くとらわれたときは、一つひとつの感情が細切れではなく、円でつながっているという感覚をもつといいと思う。

苦しさの反対には楽があり、悲しみの反対には喜びがあり、不安の反対には確信がある。そうやって感情を一つひとつ重ねていくと円が描ける。

ふだんわれわれは感情を感覚的に線や点でとらえがちだが、一つの感情に強くとらわれた状態というのは、まさに線や点でそれをとらえている状態にほかならない。

生きているとじつにさまざまな感情を経験する。いろいろな感情があって人生なのだと

■マイナス感情のとらえ方■

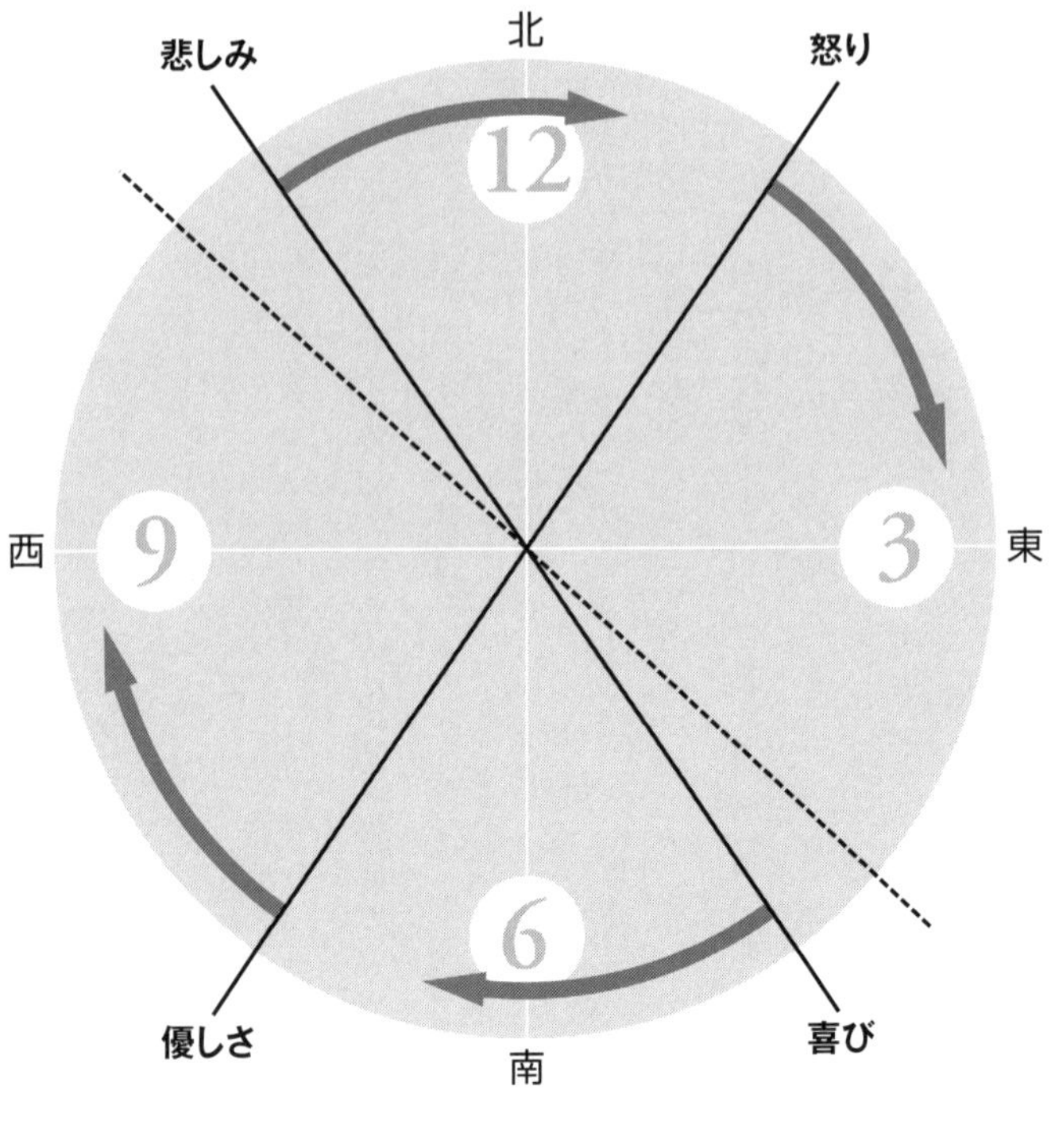

思えば、一つひとつの感情はぐるりと円を描いてつながる。

そうすれば、辛いときや不安でどうしようもないときも、その状態を固定的に考えずにすみ、円のなかで希望を抱くことができるだろう。それは時計でいえば、十二時の位置に悲しみがあるときには、六時の位置に喜びがあり、三時の位置に怒りがあるときには、九時の位置に優しさがあるといった感覚だろうか。

感情を線でとらえれば怒りは怒り、悲しみは悲しみのままだが、円にすると怒りは優しさとつながり、悲しみは喜びとつながっていることが感じられる。そうなると気持ちに余裕が生まれてくる。余裕があれば、怒りや悲しみの感情は点にとどまることなく、滑らかに円を描いて優しさや喜びの感情へと変わっていくはずである。

感情を円に収め、点にとらわれないようぐるりと回していく。それが一つだけの感情にとらわれないコツなのだ。

円で考えると感情は、怒りは優しさとつながっていて悲しみは喜びとつながっている。
マイナス感情もプラス感情も持続することはないのだ。

目は感情を隠せない

いまの若い世代からすると想像がつかないだろうが、昭和の半ば頃までは日本の男性には口数の少ない寡黙《かもく》なタイプがけっこういた。「男はムダ口を叩くな」といった教育をしていたことも影響していたのだろう。

テレビをつけると、お笑い芸人たちが我先にとしゃべりまくっている番組が多いこのご時世、寡黙な男を見つけることのほうが難しい。

寡黙さには「沈黙は金」といったニュアンスもかつては含まれていたが、いまや「饒舌《じょうぜつ》は得、沈黙は損」というイメージを、多くの人がもっているのではないだろうか。

たしかにいまの人はよくしゃべる。

しゃべるテンポやリズムも、一昔前の日本人と比べると明らかに速くなっている。たとえば昭和三十年代の人間と現代人の単位時間あたりの平均的なしゃべる量を比較した場合、二倍以上の差が出るかもしれないとさえ思う。

しゃべるという行為は、多かれ少なかれ感情を伴うのは確かだ。

「桜井さんは、いまの人は生の感情を出していないといわれていますが、いまの人がよくしゃべるということは、それだけ感情を面に出していることになるんじゃないですか？」

そう聞かれたことがある。

だが、さきほどもいったようにその感情が人工的なものであれば、それはほんとうの感情を出していることにはならない。いまの人は饒舌かもしれないが、それが人工的な感情を多く伴うものであれば、けっして感情表現をたくさんしているとはいえないと思う。

もちろん感情は、必ずしもしゃべるときのみ表されるわけではない。

たとえば、俳優が目や口元などのちょっとした表情で、怒り、悲しみ、喜び、不安などさまざまな感情を表すように、黙っているときのほうがむしろ感情は微妙に表れるものだ。

つまり、昔よくいた寡黙なタイプというのは、けっして感情表現をあまりしていなかったわけではない。

その頃は、当たり前だと思って過ごしていたが、いまと比べれば、当時の人たちは、目や口元など顔のちょっとした表情で、きっとさまざまな感情を表していたに違いない。そして、受け手もきちんとそれを感じていたのだ。

周りから「あの人は目が笑っていない……」といわれている人がいるだろう。口は笑っているのに目が笑っていないのは不気味なものだ。

そういう人は何らかの理由で習慣的に生きた感情を抑えているか、あるいは密かに何かを企《たくら》んでいるかのどちらかである。人工的な偽りの感情は、目では表せない。目というのはそれだけ素の感情が出てくるところなのだ。

相手がどんな感情をもっているか、それが天然の感情なのか、人工的な感情なのか、そうしたことを判断するには目は最適な部分である。口では感情をいくらでも偽れるが、目だけは絶対にそれができないのである。

「黙っているときのほうが微妙な感情が伝わるもの。
話しているときは感情を伴うものだが、
それが天然の感情か人工の感情かは目で判断できる。

人を動かすのは「情」

サッカー日本代表が二〇一四年にブラジルで開催されるW杯出場を決めた夜、東京・JR渋谷駅前のスクランブル交差点でマイクを握ったある警察官が脚光を浴びた。お祝いにはしゃぐサポーターたちを、指揮車の上から巧みに誘導する話術が話題を呼び、ネット上で「DJポリス」と名付けられたのだった。

「警備にあたっている怖い顔をしたお巡りさんも、心のなかではワールドカップ出場を喜んでいるのです。皆さんと同じ気持ちです。皆さんのチームメートです。チームメートのいうことをよく聞いてください」

「皆さんは十二番目の選手です。チームワークをお願いします。駅のほうへ進んでください」

「お互い気持ちよく、今日という日をお祝いできるよう、ルールとマナーを守りましょう」

そう呼びかけるＤＪポリスに若者たちは笑顔を見せ、「お巡りさん！」コールがほうぼうから起きた。

「声援も嬉しいですが、皆さんが歩道に上がってくれるほうが嬉しいです」と返すＤＪポリスにまた歓声が上がり、騒然とした空気が一瞬和む……。

祝賀ムード溢れる渋谷では、このような珍しい光景が展開された。

群衆をたんに警備の対象として見るのではなく、Ｗ杯出場を決めたことへの喜びの気持ちを共有しながら語りかける。

「ぼくだってほんとうはみんなと喜びを分かち合いたい」、そんな気分を滲《にじ》ませ、心の琴《きん》線《せん》に触れる当意即妙《とういそくみょう》な言葉をしゃべるＤＪポリス。もちろん、ＤＪポリスのこの語りかけには、「共鳴」「共感」という感情から入っていけば、相手がこちらの主張を受け入れてくれるという人間心理に基づいたテクニックが使われている。

しかし一方で素直な感情が込められていたからこそ、大勢の心に言葉が届いたのだろう。

もし彼が感情を一切交えず、命令調の押さえつけるようないい方をしていたら、群衆は「うるさいんだよ！」と反発を覚え、可能な限りお祭騒ぎをやろうとしたに違いない。

刑務所の囚人は、上から押しつけるような更生教育を受けるだけではなかなか更生しないという。そのときはわかったような態度を示しても、それはわかったフリで、出所すると再犯する確率が高いらしい。

ほんとうに受刑者の心が変わるのは、教育する担当官が受刑者の気持ちに寄りそうように接し、それによって心が開き、自分の罪を受け入れたときだという。上から押しつけるだけの理屈の教育ではダメだということだ。

最後に人を動かすのは、理でなく情なのだ。

理性尊重の社会にあって、情というのはあまり顧みられないものになってしまったが、じつはいまだに人々の行動を最後に決定づけるのは情であることが少なくないのである。

情は理に勝つ。そのことは忘れてはいけないと思う。

「計算された理性だけでは共感を呼ばない。
正しいことだからと理屈だけで教育してもだめで、
素直な感「情」を込めれば自然に大勢の人にも響く。

感動したがるのはなぜか

生の豊かな感情は、動かないと出てこないものである。

日常のなかで感動することが減っていれば、それは「計算して動く」ことはあっても、「感じて動く」ことが少なくなっているからに違いない。

その意味で「感動」という感情は、いきいきとした天然の感情をどれだけもっているかの大きな目安となるものである。

映画やテレビドラマで「泣ける話」というのは、最近人気が高いらしい。

「泣ける」とはすなわち、「心から感動できる」ということなのだろうが、こうした感動物語が流行《はや》る裏には、実際の生活における感動が少なくなっている事実があると思う。

たしかに世知辛《せちがら》い世の中の景色ばかり見ていると、生活のなかで感動する心の余裕などなくなるのかもしれない。

このようにふだん心から感動するようなことが乏しいと、必然的に感動に対する飢えは強くなる。

映画やテレビが提供する感動物語は、不安感ばかり膨らんでいくような、いまの社会の息苦しさから逃《のが》れるには絶好のガス抜きになるわけだ。

しかし、そこにはちょっとした心の甘えもあると思う。

「こういう世の中だから」「おもしろいことなんか別にないし」、そんな気分が自分で感動をつくる力を削《そ》いでしまっている面も否定できない。

外から感動を与えられるのを待っているような気持ちでは、いつまで経っても感動を日常のなかでつくり出すことはできないだろう。

動かなければまさに感動は生まれない。

何かを感じて動けば周りの人や組織や社会が動き、そこからちょっとした感動が生まれてくる。

すなわち積極的な動きこそが感動をもたらすわけだが、その意味では幅広い範囲で動ける壮年期にこそ、人は多くの感動を体験できるはずだ。もっとも壮年期にある人の多くは、たいがい仕事に忙殺されて感動どころではない人生をおくっているのだけれども。

動くことが感動を生み出す一方で、反対に動かなくなることにも人は感動したりするということを、最近になって私は知った。それを教えてくれたのはレンタルビデオで観たある映画であった。

私が思わぬ感動を得た作品とは、『ニーチェの馬』という映画である。哲学者ニーチェが鞭打たれる馬の首を泣きながらかき抱き、発狂したという逸話に監督が刺激されてつくったという。

ニーチェという名前が使われているものの、別にニーチェが出てくるわけではない。登場するのは、老人とその娘と駄馬のみで、際立ったストーリーは何もない。ただ彼らの日常が、たんたんと描かれているだけなのだ。

質素な石造りの家のなかで起床し、着替え、ジャガイモ一つきりの食事をし、馬の世話をし、井戸水を汲み、就寝するという、それだけの動作を映画は延々と映し出す。家の外は絶えず激しい風が吹きすさび、作物も何もない荒れた土地が広がっているばかりだ。

右腕が不自由な父親が服を着るのを娘が手伝うときも、ジャガイモを茹でて二人で食べるときも、父娘の間に会話はない。

始めから終わりまで映画は沈黙と孤独に支配され、そこから何か新しいものが生まれてくる予兆は何もない。歳《とし》をとった馬は水をやっても飲まず、最後には動かなくなってしまう。そのうち井戸の水も涸《か》れて水もなくなる。明かりをつけるための油もなくなり、食べるものもわずかなジャガイモがあるだけ。

生きていく上で必要なものをほぼ失い、あとは命の「最期」があるだけという絶望的な終わり方だ。

父親の最期のセリフは、娘が食べる気も失《う》せたとき、

「食べなきゃだめだ」

そんな食事シーンで終わっている。

絶望のなかでも、食べるという生き物の原点を示している。食べることで絶望を回避する。いま食べなければ、明日はない。

気力とは本来食べることで湧いてくる。そう伝えているようで、心に残った。

また、誰しも歳をとるとともにさまざまなものを失い、最後には一切何ももたず死んでいくという当たり前の事実を、この映画は示しているようで、私にとってはひどく感慨深かった。

救いようのない世界ではあるが、人生において人が力を失い、終わりを迎えるとはどういうことなのか、監督はそんなことを描きたかったのだと思う。

感動物語というと、ハンディや困難を乗り越えて幸せや成功をつかむという、マイナスのものがプラスに転じる話が多いものだが、マイナスがさらにマイナスになっていく内容の『ニーチェの馬』はそれとはまったく反対の展開である。

だが、「喪失」のテーマは、人生の真実の姿を穿《うが》つものだからこそ、心が動かされるのだ。こういう感動も世の中にはあるのである。

不安ばかりの世の中は感動する話に飢えている。
自ら「感じて動く」ことをしなくなって、
求めるばかりになってしまっているからだ。

第二章 感情を整理する

「好き」が起こす力

「好き嫌いで決めるんじゃない」。誰しも親や教師からそんなことをいわれた経験があると思う。好き嫌いでものをいうな、という人は、考える頭があるなら、きちんと理性的に考えて結論を出せといいたいのだろう。

つまり、ものごとを選んだり、決めたりするときに、好きだの嫌いだのというのは、根拠のない、いい加減な判断になるからダメというわけだ。また、嫌いというだけの理由で避けたり、否定してしまうのは大事なことに気付けなかったり、せっかくのチャンスを失うことになりかねない、ということでもあるのだろう。

たしかに嫌いという感情は、固定されてしまうと、対象がもっている可能性に気付けなくなる危険がある。「いまは嫌いだけど、将来そうではなくなる」可能性だってあるわけだ。好き嫌いのうち、こと嫌いという感情にかんしては、あまりそれにとらわれないほうがいいのである。

好き嫌いの感情だけで決めるなという人とは反対に、私は理屈だけで判断しようとする人に対しては、むしろ「好き嫌いで決めたら」というだろう。

好きとか嫌いとかといった感情は非常に強いもので、人間を直接的に動かすもっとも基本的な感情だ。それを抑えて、頭だけでものごとを決めるのは、人間にとって不自然だと思うからだ。

それに好き嫌いで判断すると間違いが多くなるというのは、まったく誤ったイメージだと思う。反対に理性で考えて出した結論は正確なのか、というとそんなことはまったくない。

誰しもよく考えて結論を出しているはずだが、それが必ずしもいい結果に結び付かないから、みな「ああすればよかった」「こうすればよかった」と四苦八苦しているのではないか。むしろ好き嫌いで判断して動いていくほうが圧倒的にいい結果になりやすいと思う。

子どもは、嫌いなことはどんなに親が押しつけても泣いて拒むが、反対に好きなことは、親がダメといっても無我夢中になって飽きるまでやり続けようとする。

子どものときにもっていた好き嫌いの感情は、大人になってもその強さは変わらないはずだ。ただ好き嫌いでものをいってはいけないという教育を受けて、好き嫌いの感情を出すことをしなくなるだけの話なのだ。

大人になっても好き嫌いの感情をいちいち出していると、「あいつはわがままだ」という評価をされて、社会的に生きにくくなる。とくに仕事においては、好き嫌いの感情はできるだけ抑えてやっていくしかない。

「この仕事は好きじゃないから辞めてしまおう」とか、「上司が嫌で顔も見たくないから会社をしばらく休もう」なんてことはできないのだ。だが、本音ではみな好き嫌いで動けるものならそうしたいと思っているはずだ。

人はほんとうに好きなものには、多少の困難や障害があっても近づいていきたくなる。

八〇〇〇メートルクラスの山の頂上付近は生身の人間が長時間いることのできないデスゾーンだが、山で死ぬのなら本望だと思っているような登山家は、登攀《とうはん》が困難とされるようなルートをあえて選んで挑戦したりする。

「好きという感情はこんなにも力を生むものなのか」、そんなことを感じさせる映画を、私は観たことがある。

『ルルドの泉で』というタイトルのその映画は、フランスとスペインの国境ピレネー山脈の麓《ふもと》にある小さな町ルルドを舞台にしている。

映画では、多発性硬化症のため手足が麻痺し、車いすの生活を余儀なくされている若い女性主人公が聖地ルルドへのツアーに参加し、そこで起こった一つの奇跡を中心に話が展開される。

主人公は熱心な信者ではないのに、突然車いすから立ち上がって歩きだすという奇跡を起こす。映画では説明も何もないが、主人公に奇跡が起きたのは、ツアーに同行していた男性警備員の存在が鍵を握っているように私には感じられた。

主人公はこの男性に思いを寄せ、どんどん接近していく。男性もまんざらでもないような素振りを見せ、主人公の思いはどんどん膨らんでいく。そんな気持ちが主人公の自己治癒能力のスイッチを強く押し、病気を治癒へと導いたのではないだろうか。ところが映画のラストは、この男性とダンスを踊っていた主人公が相手からつれない態度を示され、また歩けなくなってしまうところで終わるのだ。

奇跡を起こしたのは神でもなく、神への信仰でもなく、ただ好きという強い感情だったわけだ。好きという思いは、生きていくためにこの上なく強い力になるのである。そのことをこの映画は、如実に語っているように私には思えた。

あなたは好きなことを思いっきりやっているだろうか。

どちらかというと、好きなことは我慢してやらず、嫌いなことを無理してやる。そんな生き方になっている人のほうが、むしろ多いのではないだろうか。

だが、好き嫌いの感情をいつも抑えていれば、ストレスは溜まるし、人生はつまらなくてやりきれないものになっていくに違いない。

好き嫌いの感情を抑えて理性で行動をコントロールするのは、けっして立派なことではない。幸せな人生をおくるには、私たちは好き嫌いの感情にもう少し素直になってもいいのである。

「頭で判断してストレスを抱えている人が多いが、自分の感情に従って生きたほうがいいに決まっている。好きか嫌いかで決めたほうが幸せな道を歩めるはずだ。

バカになったもの勝ち

軽蔑《けいべつ》というのは、どういう類《たぐい》の人を軽蔑するかによって、その人の価値観や考え方や品性といったものが如実に表れる感情である。

みなさんなら、どんな人を軽蔑するだろうか。

卑怯な人、利己的な人、騙《だま》す人、人に平気で危害を加える人、人の自由を奪って平気な人、バカな人……。

私も卑怯な人や自分のことばかり考えている人は軽蔑するが、最後のバカな人にかんしていえば軽蔑の対象にはならない。軽蔑しないどころか評価している。

世間では、損得の計算が得意でお金を稼ぐのが上手だったり、勉強を要領よくしてエリート街道を歩んでいる人を尊敬したりするのかもしれないが、私のなかではむしろ、そういう人のほうが軽蔑の対象になる可能性をもっている。そのあたりは世間の価値観と私の価値観とは正反対なのだ。

この社会では、利口な人ほど社会の上にいける確率が高くなるので、賢いことがもっとも尊敬の対象となりやすい。

しかし、いろいろな競争に勝って上にいくには卑怯なことをしたり、人を騙したり、人の権利を踏みにじったり、汚いことをけっこうやっているものである。あるいはそういうことをしないと、なかなか上にはいけなかったりするのかもしれない。

麻雀の代打ち稼業をやっていた頃、政財界のトップともしばしば顔を合わせる機会があった。そんな連中がかなり汚いことをやっているということは、実際に会ってみてよくわかった。そんな経験もあって、社会のトップにいる人間には、私からすれば評価できない連中が多いものと察しがつくのである。

利口な人間ほど上にいくのであれば、反対にバカな人というのはどういう存在になるのだろう。

定義は難しいが、私にとってバカな人というのは、人を蹴落としてまで上に上がろうという欲やエゴや卑怯さがない。それに利口ぶろうとしない。私がバカな人を評価するのはこうした点だ。

たいていの人は、できれば利口な人間になりたいと思っているので、人からはバカにされないよう利口なフリをしている。

だが、私はバカになったほうが勝ちだと思う。

この世におけるさまざまな問題というのは、バカな人より、利口だと思っている人が引き起こすことのほうがじつは多い。

問題を引き起こしておいて、それを解決できなければ「お前、バカじゃないか」といわれるから、利口に振る舞おうとして事態が複雑になり、ますます解決から遠のいたりするのである。

さらに利口と思われていたいために、失敗を認めなかったり、責任をとらなかったりすることも多々ある。そんなときは「俺はバカだよ」といえる人間のほうが、自己保身の計らいもないので、〝ポン！〟と問題を解決しやすいのだ。

バカになるというのは簡単にいえば、自分のダメなところを隠さず見せるということだ。つまり素になって人と接するということである。

私なんかは自分がへましたことやバカやったことを道場生にすぐに報告する。「え、会長でもそんなことやっちゃうんですか？」と驚かれたりするが、そんなものを隠して、「俺は何でもできるすごい人間なんだ」と思わせるのは絶対嫌なのである。

　最近は歳のせいか、たまにボケたおかしな行動をとるようになってきた。先日もこんなことがあった。

　家内が運転する車で道場に出かけようとした矢先、仕事の関係者から電話がかかってきたのでしばらく話をしていた。電話を切ってから家内を待たせている車に急いで乗り込んだところ、手に電話の子機をもったままだったのだ。しかも眼鏡などが入った必要肝心のバッグはすっかり忘れているのである。

　この話はもちろん、道場に着いて早速みんなにしゃべり、大いにウケた。


　以前、麻生元首相が漢字がまともに読めないと、大きな話題になったことがあった。「一国の総理があんな漢字も読めないとはみっともない」という、それこそ嘲笑まじりの非難の嵐が吹き荒れた。

　しかし、漢字くらい多少読めなくたっていいじゃないかと私は思う。漢字の教養と政治家の技量はまったく無関係だからだ。

私だって読めない漢字はある。若い道場生が読めて私が読めない漢字もある。そんなとき、私は恰好つけて読めるフリなどしない。すぐその場で道場生に「これどう読むの？どういう意味だっけ？」と聞く。

ふつうなら恥ずかしいから聞けないのかもしれないが、私は平気だ。そうやって私は自分のダメなところやできないものを包み隠さず出してしまうのだ。いってみればフルチンスタイルである。

利口ぶるのはいろいろなものを隠さないといけないからしんどいだろうが、フルチンでいるのはほんとうにラクである。

バカを軽蔑する人間になるか、あるいは軽蔑されるバカになるか。

私なら軽蔑されるバカを選ぶ。

もっとも自らフルチンでバカになれる人は、軽蔑されないものである。

利口ぶろうとして、バカな面がバレてしまう人が、結局は軽蔑の対象になるのだ。人は誰しもバカな面をもっているものだが、さて、あなたはどちらを選ぶだろうか。

「利口に振る舞おうとするから問題が複雑になりやすい。
卑怯なやつよりバカになったほうがよっぽどいい。
利口ぶってバカがばれるほうがよっぽど恥ずかしいものだ。

不安は早めに処理すること

「いつも不安があってなくなりません。どうしたらいいんでしょう?」

そんな相談を私にしてくる人が最近多い。不安の種類によってその対処の仕方、心の持ち方は変わってくるものだ。

不安はそこから逃れようと思うと、ますます大きくなるものなので、基本は、不安に対しては正面からきちんと向かい合ったほうがいい。

不安事は小さなうちに早めに処理するのが鉄則だ。

もちろん、なかにははなから解決策も答えもない不安もあるので、そうした不安には向き合うことはない。さっさと捨ててしまうに限るのである。

私のみるところ、不安はざっと次の五つのタイプに分かれる。

①　はっきりした理由がある不安

「経済的に苦しい」「病気が心配だ」「人間関係がうまくいかない」などすでに理由が明確な不安は深く考え込まず、あくまで具体的にどうすればいいかだけを考えて行動することだ。

たとえば、「仕事がうまくいかない」という不安があるとすれば、そこから想像を膨らませて「会社を辞めようか」とか、「出身大学がよくなかったせいだ」とか、あちこちに気持ちを広げないことだ。

視野はあくまで対象に絞り込んで、「具体的に」ということがポイントだ。具体的に行動してそれでもうまくいかないときは、「自分にはこれ以上のことはできないんだから、これでいいんだ」と、いい意味であきらめることである。

②　いまは大丈夫だが、将来どうなるかわからないという不安

「想定外」という言葉がいっとき流行ったが、未来のことはそもそもすべて想定外のことである。

たとえば明日あなたが家族や仕事先の人間とどんな会話をするか、あなたは予測できる

だろうか。一日先のことですら、ほとんどわからないことだらけなのだ。ましてや五年先、十年先のことなど、まったく何もわからないといっていいだろう。

無常に変化し続ける世界に生きている限り、将来のことは予測できない。それゆえ先のことをあれこれ考えて不安になるのは意味のないことだ。

ただ将来に備《そな》えて具体的に準備できるものがあれば、それはやっておけばいいと思う。

③ いまもっているものを失う不安

精神科にかかってカウンセリングを受ける人というのは、収入別に分けると低収入の層と高収入の層の二つに大きく分かれ、平均的な収入の層が少ないという。

なぜ高収入の層が突出しているかというと、金持ちはストレスが強いからだ。

彼らは金やら地位やら名誉やらもっているものが多いので、それを失うことへの不安感が強く、そのことが強いストレスになるのである。

得たものは失う可能性があるのは当たり前のことだ。しかし、頑張って得たのだから絶対に手放したくないと思っていると、失うことへの不安やストレスは強くなる。

「得れば失い、失えば得る」というのが人の世の常だ。得たものへの執着をいかに減らすかが、この手の不安解消の鍵を握っている。

④ 死への不安

死をめぐっては古今東西、多くの知識人たちがさまざまなことを述べてきた。だが、いっていることはみなばらばらだ。つまり、誰も死などわからないということだ。経験したことがないのだから当然である。反対に経験してしまった人は死を語ることができない。

死は生きている人間にとって最大の謎だからこそ、みな死を必要以上に大げさにとらえてしまうのだろう。

だが、死はそんな大層なものでなく、日常のなかで起こるふつうのことと思えばいいのではないだろうか。

たとえば飯を食ったり、風呂に入ったり、歯を磨いたり、トイレにいったりするのと同じ延長線上に、日常の一つの営《いとな》みとしてさりげなくあると思ったらいいのだ。

それ以上のものでもそれ以下のものでもないと思う。

自然界の生物が死を考えないように、人にも「死を考えない能力」があるはずだ。人間も自然界の生物と同じように、死を考えなくても許される存在のはずである。

⑤ 漠然とした理由のよくわからない不安

曖昧で正体のはっきりしない不安というのは、さまざまな種類の不安が混ざり合っていることも多いと思う。

つまり、感情が整理されず、混沌としているので漠然とした不安になるのだ。

もっとも、それを深く探っていくと4の死に対する不安が無意識にあったりすることもある。

もう一ついえるのは、意識や感情の揺れからくる不安だ。意識や感情がまったく揺れずにひとつのところにずっといるのは、生きている人間である限りありえない。人によって振れ幅が違うだけで、意識も感情も絶え間なく揺れている。

この揺れが大きいと、本能的に不安の感覚を引き起こすのだ。公園のブランコにちょっと乗っただけで人の心は軽い不安感を覚えるように、揺れるということは不安の源《みなもと》なのである。

漠然とした不安に襲われたときは、これらの視点からとらえてみるといいだろう。

なんとなく違和感がある、といった不安はまだいい。信号機にたとえるなら不安にも、ほとんど不安のない青の気分と、ちょっと不安ぐらいの黄色の気分がある。わざわざ赤の気分、つまり恐怖を感じるまでに陥《おちい》ってはいけない。恐怖心まで抱くような強烈な不安は時として、人を殺《あや》めるような間違いにつながるからだ。

このように一言で不安といってもいろいろな種類がある。その対処法はそれぞれ違う。ただ、どんな種類の不安であれ、不安感を抱きやすい人というのはある傾向をもっている。それは、「依存的」「喜びの感情が少ない」というものだ。

依存的な性格だと、頼れる人がいなかったりするとすぐ不安に陥る。こういう人はなるべく何でも自分で決断し、自分でやるような習慣をつけていくことが大事だ。

また、喜びの感情は不安を相殺《そうさい》する働きをしてくれる。喜びの感情の多い人は不安感が自然と少なくなるものだ。

もっとも、得ることにとくに強い喜びを感じる人は、③でみたようにそれを失う不安や悲しみの感情をもたざるをえなくなる。

自分一人で味わう喜び、人に分ける喜び、喜びには二種類ある。

得たものを失う不安感の強い人は、自分だけを喜ばせることに集中してきた人だと思う。ところがこの手の喜びは長続きしない。何かを得たり、何かに勝ったりしたときに束《つか》の間《ま》感じて終わりなのだ。つまりこういう人の人生は喜びの量が意外と少ないはずだ。

それに対して、人にも喜びを分けられる人は、喜びの感情が幸福感に変わってずっと残るのである。自分さえ喜べればいいと思っている人は、喜びの価値観をいま一度、見つめ直すといいと思う。

不安の種類はだいたい5つに分けられる。
不安を抱きやすい人は共通した特徴をもっている。
「依存的」「喜びの感情が少ない」タイプの人だ。

不安がもつプラスの役目

前項では不安をマイナスの感情として説明したが、不安はじつはプラスの面もいくつかもっている。

一つは、不安は危機を察するアンテナの役目を果たしてくれるという点だ。

太古、人が狩猟生活をしていたときは、野生の動物にいつ襲われるかわからない不安がいつもあったはずだ。

不安があったから、動物の襲撃に用心できるし、咄嗟《とっさ》の対応も可能だったわけである。その意味で、不安というのは自分の身を守るための本能的な感情ということもできるだろう。

たとえば、不安というものをまったくもたない、ひどく能天気な人がいたとしよう。こういう人は、病気が大流行しても予防策をちゃんととらないかもしれない。

あるいは海にいって、午後からひどい時化《しけ》になるかもしれないというときに、朝から船を出して外洋で釣りをしたりするかもしれない。

こんな生き方をしていたら、確率的に大きな事故やトラブルに巻き込まれる可能性は、当然高くなるはずだ。

不安というアンテナがあるからこそ、人は危機を事前に察知したり回避できるわけである。


もう一つのプラス面は、不安があるから、人は努力して前に進むことができるという点である。

以前、ボクシングの世界タイトルマッチをテレビで観ていたら、王座を守り抜いたチャンピオンが「今度の相手は相当強いので、もしかしたらベルトを失うんじゃないかという不安と闘いながら練習してきました」というようなことを、試合後のインタビューでしゃべっていた。

このように不安があると、それを打ち消そうと努力したり、頑張ったりする力が出るのである。

「もしかしたら自分は負けるかもしれない」「このままだとダメになるかもしれない」、そんな気持ちを振りきるには努力をするしかないのである。

傍からみて、「いまのままだと彼は負けるかもしれない」「このままだとあいつはダメになるかもしれない」というような状態の人がいるとしよう。でも、その人に不安感がなければ、しかるべき努力はしないだろう。その結果、当然のように負けたり、ダメになったりしてしまうのである。

不安というのは、このようにプラスに働くこともあるのだ。

不安を悪いものだと思い込んでいるとしたら、それは間違っている。不必要に不安はもたないほうがいいが、ある程度の範囲内では必要なのだ。それがなければ、人生はかえって不幸なものになることを覚えておいたほうがいいだろう。

不安をアンテナにすることで事前に危機を察知したり、回避したりできるし、努力して自分を高めることができる。

謙虚さは傲慢さの裏返し

「日本人は自分の意見をいわない」

「集団のなかで個性を出さなければグローバリズムの時代に生き残れない」……。

控え目な日本人気質への風当たりが最近、急速にきつくなっている気がする。そういえば、某有名サッカー選手も、先のワールドカップ予選の試合後の記者会見で似たようなことをいっていた。

だがそうした考え方は、日本人は人間的に未熟だからもっと成長すべきだという類のお節介とは一線を画《かく》している。

これまでのような日本人の謙虚さ、慎《つつ》ましさの美徳を守っていては、日本の経済は危うい、日本の国際的な立場はますます低下するという危機感から発せられたもので、とどのつまりは経済的かつ政治的な理由にすぎないものが多いのだ。

私は、日本経済がグローバリズムについていけないほうが、日本人の幸せのためにはむしろいいと思っているが、かといって謙虚さや慎ましさといった日本の精神文化が、それほど大事だとも思っていない。

なぜなら、日本人が好む謙虚さといったものは、一つの社交術にすぎないからだ。つまり、それは相手との関係のなかで自分を優位にするための技術なのだ。自分の位置を低くして、相手を高くする。そのことで相手の気分をよくし、ものごとを円滑に運ぶ技術といってよいものなのである。

私はそういうテクニックは必要ないと思う。

それはなぜか。謙虚の反対にある概念、傲慢《ごうまん》について考えるとその理由がよくわかると思う。

謙虚はいいものだとみな思っているが、傲慢は誰しもよいものとは思わないだろう。つまり、傲慢という概念があるから、その対極にある謙虚な考え方が大事になるわけだ。それなら傲慢がはじめから存在しなければ、謙虚も必要なくなってくるはずである。

要するに、謙虚さを出す人は裏側にどこか傲慢なものがあるから、それを見せないためにテクニックとして謙虚さを出しているということである。

慇懃無礼《いんぎんぶれい》という言葉がある。

言葉や態度が丁寧すぎて、かえって無礼になるという意味だが、この言葉はまさに謙虚というものが傲慢とセットであることを示している。この場合の丁寧さというのは、謙虚さの延長線上にあるものだからだ。

言葉や態度が丁寧すぎるとどこか不自然な印象を与え、その裏側にある計算を感じさせる。そこには相手を見下し、自分の意図する方向へ導こうとする傲慢なものが潜んでいる。それゆえに無礼なのだ。

だが、丁寧すぎることなく謙虚というレベルにとどめておけば、無礼な印象を相手に与えることなく、反対に人から好感を抱かれるのである。

何事も謙虚に振る舞おうとする人がいる一方で、どこからどうみても、あからさまなまでに傲慢なタイプの人もけっこういる。

人から陰口を叩かれようが、嫌われようが意に介さず、傲慢さを隠そうとしない人は、どういう心理でそう振る舞っているのだろうか。

いくつか理由が考えられるが、そのようなタイプは一つには、自分中心主義で他人が自分をどう見るかなどということに関心がなかったりすることが挙げられる。

つまり本人は、自分が傲慢に振る舞っていることをあまり自覚していないのだ。

もう一つは、「俺は偉いんだぞ」ということをアピールするために、傲慢さを出す人だ。つまり、効果を確信してやっているわけだ。非常にわかりやすいタイプといえるだろう。

そんなあからさまに傲慢なタイプでなくても、人間というのは誰でも、基本的に傲慢な要素をもっていると私は思う。

それは自尊心というものをもっているからだ。

自尊心とはいうまでもなく、自分のことが一番大事で一番偉いと思う感情である。だからこそ自分が抱えている自尊心をどう扱うか、人は苦慮するわけだ。

たとえば自己犠牲の精神が強い人でも自尊心はある。そういう人の場合は、自己犠牲という形で自尊心が保たれるのである。

そう考えれば、いつも傲慢に振る舞っているような人は、ある意味では素直な性格をしているともいえよう。

このようにみていくと、謙虚は果たして美徳なのかという疑問が湧いてくる。

私が謙虚さや慎ましさを、大切にすべき日本人の精神文化だと格別思わないのは、そんな理由からなのだ。

根っこにある傲慢なものを自覚しつつ、かといって謙虚になるのでもなく、もちろん傲慢に振る舞うのでもなく、ただ〝ふつう〟に人と接することができれば、それが一番いいのではないだろうか。

もし日本人全員が謙虚と傲慢のどちらにも偏《かたよ》らず、ひたすらふつうに振る舞うことができれば、謙虚と傲慢という二つの言葉は辞書から消滅してしまうことだろう。


自分のなかに傲慢さがあるから、テクニックとしてそれを隠そうと謙虚さを出して相手に接している。

人は変化を求める「動く物」

「人生は暇つぶし」というようなことをいう人がいる。

たしかに退屈ほど人にとって苦痛な時間はないかもしれない。

もし、あなたが携帯電話もテレビもパソコンも本もゲームも何もない空っぽの部屋に、たった一人で一カ月こもっていなければならないとしたら、相当きついと思う。食事をして寝ること以外は何もすることがないのだ。

ひたすら自分の頭のなかだけで空想したり、考え事をしているほかないという状態は、刑務所の独居房にいるようなもので、ほとんど拷問に近い。

そんな退屈さを与えられるなら、まだブラック企業のようなところで死ぬほどくたくたに働いていたほうがいいやとなるかもしれない。

そのくらい何もすることのない退屈というのは、人にとって耐えがたいものなのだ。

そう考えると、人は結局、退屈が与える苦痛から逃れるために仕事をしたり、遊んだりしているといえる。まさに「人生は暇つぶし」なのだ。

人は動物という「動く物」なのだから、現実にも動きや変化がいろいろあったほうが楽しいのだ。

動けば変化が起き、変化が起きればそれに合わせて動く。動きや変化は人生に刺激を与え、何よりも退屈から人を救ってくれる。

生きているのが退屈だと感じている人がいれば、その人はきっと動くのが下手な人だ。動くのが下手だからあまり動こうとしない。

動きが少ないから変化も乏しく、刺激が少なくなってしまう。それで退屈な気分になってしまうのだ。

そういう人は先回りしていろいろと考えすぎるのかもしれない。

「どうせ、どこにいってもたいしておもしろくないだろう」と予想して、動かない理由を自分でどんどんつくるのだ。

人から何かに誘われたり、少しでも興味の湧くものがあったりすれば、先読みすることなく、ともかく動いてみればいいのである。実際動いてみると、意外と「ああ、おもしろかったな」となったりするものだ。

動かなくなると、心にも動きがなくなってくる。

いま非常に増えている、うつというのは、心が動かなくなってしまった病である。体も動きを止めてしまっているから、うつの人は感動も感激も感じにくい。

その意味で、ふだんから退屈感を覚えている人は、うつになる可能性が高いといえる。

ところで動くのが下手な人が先読みしすぎるのは、「こんな集まりに出ても、ためにならないな」などといって、いちいち行動することの意義や意味を考えるからである。まず、自分なりの意義や意味をちゃんと見つけないと動けないのだ。

しかし、別に意義も意味もなくたってかまいやしない。

「人生は暇つぶし」くらいの軽い気持ちでいたほうがいい動きができるだろうし、それによって退屈さの罠《わな》にはまらずにすむと思う。

あまり先読みしすぎないこと。
意味や意義を考え過ぎると動けなくなる。
「人生は暇つぶし」くらいでいたほうがいい。

自己否定をうまく利用する

「桜井さんは自分を肯定されたり、否定されたりするときというのは、どんなときですか？」と取材で聞かれたことがあった。

そのとき、「ああそういわれてみると、自分を肯定でも否定でもないところにいつも置いているな」と感じたが、その感覚は私が物心ついたときからずっともち続けているものである。

もちろん、自分で決めたことをできなかったとき、人に辛い思いをさせてしまったなと感じたときは自分を否定したくなるが、そんなときでも、べったり一〇〇％自分を否定してしまう感覚にはならない。

反対に何かを達成したときや嬉しいことがあったときでも、一〇〇％自分を肯定するという感覚にはならない。

私は自己肯定や自己否定のどちらかに偏ることはなく、その両方でないところにいつも自分を置いている気がする。

これは後述するニュートラルな感覚に通じることなのだが、私には一つの感情だけに大きく振れるということが、ほとんどないのである。

「桜井さんは真面目なんですか？　不真面目なんですか？」と聞かれれば、「どちらでもない」と答えるだろうが、このように私は自己肯定と自己否定、真面目と不真面目といった、相反する感情や態度のどちらでもないところに別枠をつくって、そこに自分を置きたくなる性分なのだ。

おそらく自己否定をよくする人は、反対の自己肯定もしょっちゅうやっていると思う。大きく一つの感情に振れる人は、必ず正反対の感情にも大きく振れるのが道理だからだ。「俺ってなんてダメなんだ」と自己嫌悪に陥ったと思えば、次の瞬間、「俺はすごい！」と昂揚《こうよう》感を覚えるような人は、いまの時代、非常に増えているように思う。

自己否定と自己肯定の間で行ったり来たりを繰り返して、そこから抜け出せない人が増えているとすれば、それは昔に比べて自分のことを考える時間が増えたからに違いない。人間は長々と考える時間をもつと、ろくなことにならないのだ。

もし自己肯定に近い気分が私に起こることがあるなら、それは何か努力を積み重ねてつかんだ結果のものでは、けっしてないだろう。

自分が得たものや自分ができたことに自己肯定を感じる人は、それを失ったときやできなかったときには自己否定の感情が必ず起こるはずだ。結局、私にはそういう類の自己肯定も自己否定もないのである。

たとえば私には、道場生をはじめ、周りの人からいろいろなものをもらいっぱなしという気持ちがいつもある。海や山など自然のなかに入っていけば、自分の生命が自然から恵まれたものであることを実感する。

そんなふうに人や自然からもらったり、やってもらったことを思えば、ひたすら感謝の気持ちしか湧いてこない。感謝の気持ちがあるときだけ、私は自分のことを肯定的な感情で素直にとらえることができる気がする。

それとは反対に、私はあえて自分を否定することもある。

私の人生は麻雀抜きでは語れないが、同時に私は麻雀を否定している。麻雀を否定するということは、麻雀打ちの私のこともどこかで否定しているのである。

出版社などは私のことを「二十年間無敗の勝負師」といったキャッチフレーズをつけて売り出したがるのだが、じつのところをいうと私はそれが好きではない。二十年間負けなしで戦ったことなど、私のなかではいまや否定してしまいたいことだからだ。

私が勝ったことで当然負けた人間がいる。賭けているものが大きな勝負だったために、敗れたことで人生の深い淵に沈んで二度と浮いてこられなかった者もいる。姿をくらまし、ようとして行方が知れない男もいる。

彼らには家族だっていたかもしれない。そんな連中の犠牲の上にある「無敗神話」など、ほんとうはちっとも自慢できるものではない。だから私は、勝負師としての私を、心の底では肯定することができないのである。

そもそも私は、世間でいう麻雀を否定したくて、勝ち負け以外のところに価値観を置く「雀鬼《じゃんき》流麻雀」をつくったわけだが、どんな分野の仕事でも自分の専門をどこかで否定するのは大事なことだと思う。

自分が携《たずさ》わっている専門分野に対して何の疑問ももたずにいれば、その人はその枠から出ることができず、進歩しないだろう。

否定することではじめて、「これはおかしい」とか「ここをこうすればもっとよくなる」と感じたり、見えたりするものがきっとあるはずなのだ。

もっともこうした自己否定には、同時に肯定も入っている。否定しながらも自分をそこで活かしているともいえる。

ただ、自己否定と自己肯定を行ったり来たりすることと混同しないでもらいたい。その両極端の間で悩むのではなく、否定のなかで見えてくる大事なものを見つける。そこで冷静に肯定を認めることもある、という意味だ。

自己否定でも自己肯定でもない、別の「第三の場所」を、そうやって私はいつも探り続けてきたのである。

自己否定する人は、同じくらい自己肯定もしている。
結局のところ自分のことを考え過ぎているのだ。
そんなことより否定して見えてくるものを見逃すな！

半分信じて、半分疑う

昔、ある人から、

「雀鬼といわれるくらいだから、麻雀にかんしては絶対的な自信があるんでしょう？」

といわれたことがあった。

その人に限らず、私を知る多くの人は、私のことを麻雀にかんしては誰よりも自信をもっている人間と思っているのかもしれない。

ところが、私は麻雀に対する格別な自信などないのである。人よりちょっとうまく打てるかなという程度の自信こそあるが、「究極の場所まで行って、麻雀の可能性を極めた」などという自信は、到底もちえないのである。

その境地に達するまで、一〇〇歩歩かないといけないとすれば、私の場合まだ九九歩くらいは歩かないといけないと思っている。

「下手すれば命がなくなる」という大勝負もいくつもやったが、そんなときは、私は「もしかしたら負けるかもしれない」という気持ちと、「いや俺は勝つ」という気持ちの間でいつも揺れていた。「負けたら死のう」とさえ本気で思っていた。

もし、私が麻雀の究極までいった人間なら、「負けるかもしれない」などという不安は微塵も出てこなかっただろう。

オリンピックなど大きな大会に出るアスリートが競技の直前に、テレビのインタビューなどで「今日のために辛い練習をやってきた、それを信じるだけです」というふうなことをいったりする。

だが、その自信は絶対的な自信ではない。

むしろ、そうした言葉から大きな勝負を前に、不安と自信が交差していたかつての私と同じような、心の微妙な揺れが感じられる。

初心者を相手に戦うなら絶対に近い自信はもてるだろうが、世界トップクラスの技量をもっている者同士となれば、紙一重の差で勝ったり、負けたりするわけだから、揺るぎない自信をもって競技にのぞむなどということは、まず無理な話なのである。

つまり自信というのは、どれだけ力があろうと絶対的なものとしてもてるものではないということだ。「あの人と比べれば強い」とか、「この人と比べれば負けるだろう」といった、相対的なレベルでしか自信はもちえないわけである。

相対的なものゆえに、自信というのは簡単なことで引っくり返る。自信という感情は、本質的に脆《もろ》いものと思っておいたほうがいいのだ。

私は何事も半信半疑の姿勢でいることが大事だと思っている。

半分信じて半分疑う。この世のことはすべて変化していくのだから、信じるということは本来できない話なのだ。

たとえば、「この人は絶対に信頼できる人だ」と思っても、状況が変われば信頼できない人になる可能性はいくらでもあるだろう。

愛しているという感情だって、相手も自分もどんどん変化していくのだから、絶対信じるという対象にはなりえない。

一〇〇%信じるというのは、その対象が永遠に変わらないといっているのと同じで、ありえないことなのだ。

それは自分自身に対してもいえる。道場生にこんなことをしゃべったがそれは正しかったのか。本にこんなことを書いたがそれは正しかったのか。ある相手に対してこんな行動をとったがそれは正しかったのか。それらが絶対に正しいということは、私には信じられない。

唯一信じることができるのは、いまここにいる私だけである。だから私は、自分自身に対しても半信半疑なのである。

自信とは自分を信じるということだが、自分自身にも半信半疑である私からすれば、自分を信じきっているような人はあまり信用できない。

どんな仕事においても、自分の仕事に対する技量や能力を信じきっている人は、仮に世間的に一流の評価を得ている人であっても、ほんとうの一流ではないと思う。

「ホンモノだ」と思えるような仕事をする人は、おそらく、自分をどこかで信じていないと思う。

信じていないからこそ、自分の仕事を客観的に見つめることができるし、いまのレベルを否定して、それを乗り越えていくことができるのだ。

さらに、そういう人には他人を信じるという他信もあると思う。

これまで周りの人の支えがあったことへ感謝するという他信があるから、「自分一人で努力してきたんだ」という思い上がりをもたずにすむのである。

「自分だけを信じて人は信じない」というタイプは、たとえ進歩していってても最後のところで上にはいけなくなるだろう。

自分に対する半信半疑と他信。そんな感覚をもちながら自分と向き合う人だけが、誰も歩んだことのない道に入っていけるのである。


「自分を一〇〇%信じるなんて不可能。信じすぎないで、疑って客観的に見つめる。いまのレベルを否定して乗り越えていくのだ。

感覚はつかむものではない

「人というのは最終的に快感を求める生き物なのでしょうか？」

そんな質問をある人からされたことがあったが、たしかに人は気持ちいい方向をめざそうとする本能のようなものをもっていると思う。「不快」なことを避け「快」を求めるのが人の本性なのだ。

ところが、知識や思考でがんじがらめになっている現代人は、本能が十分に目覚めていないために、本能が求める気持ちよさになかなか手が届かない。

私はそんな知識や思考によってできた殻を破らせるために、体を使った感覚をよく道場生に教える。そうすると「あ、これですか？」といった顔をして、感覚に触れる瞬間がある。そのときは「う〜ん、気持ちいいです」といって、顔がほころんでいたりする。

こっちを選ぶと得だとか、損だとか、頭で計算して前へ進むより、感覚が気持ちいいほうに進んだほうが、ほんとうは気分よく生きられるはずだ。だが、たいていの人は、得なほうに進むことが気持ちいいことだと勘違いしてしまっている。

感覚が気持ちいいときは、思考や知識によって感覚が閉じておらず、それが自然な状態にあるときである。それは感情をも超えている。だが、自然な感覚というのは、何でもすぐ考えることが習慣になっているいまの人にとっては、なかなかわかりづらいものだ。

もし自然な感覚に触れようとするならば、自然な感覚を探すより、違和感を外すことを意識的にやっていったほうが、結果的に自然な感覚に近づくことができるだろう。

誰しも日常、違和感を覚えることはいくらでもある。そんな違和感を覚えるものを避けていくのだ。たとえば違和感の強い人と会ったら、なるべく避けるようにするとか、仕事でどうしても違和感がぬぐえずやる気が起こらないときがあれば、できることならしないほうがいい。

そうやって違和感をとっかかりにすると、感覚が気持ちよくなるゾーンがなんとなくわかってきたりするのだ。

もっとも、感覚はつかめるものではない。あくまで触れるものなのだ。

よくアスリートなどが「感覚をつかんだ」といったりするが、ほんとうに感覚がつかめれば、感覚をつかんだという動作の再現は可能ということだ。もし正確に何度でも再現できれば、スランプに陥ることなどなくなるだろうが、現実はそうではない。

自然な感覚に触れるには、まず体から余計な力を抜かなければいけない。

力を抜くには体を正直にすることである。体を正直にするには、思考や知識にあまり依存しないことだ。体を正直にしようと思えば、気持ちを正直にすればいいと考える人がいるかもしれないが、気持ちをいくら正直にしたところで「ああしよう」「こうしよう」と目的意識をもって動く限り、体は正直にはなれない。

プロ野球で、守備の選手はフライで上がったボールを取りにいくとき、ボールをつかみにいくというより、触りにいく感覚でやっているというが、まさにちょっと触れようという感覚で、ものごとをやっていけばいいのである。

何かに対して強くつかもう、得ようとすることをやめて、触れるという気持ちをもつ。何事にもそんな気持ちで接すれば加減のいいところで力が抜け、自然な感覚のなかで動くことができる。それが気持ちよく生きていく何よりのコツなのだ。

「感覚をつかめたらいつでも再現できるはず。
それはアスリートであっても不可能だろう。
感覚はあくまで触れるものなのだ。

過去を引きずらない

「悔いはないが反省はある」

そんなことをいう人がいるが、果たしてその人は、ほんとうに後悔することはないのだろうか。けっこう強がりでいっているようにも感じるが、たしかに後悔の少ない人というのはいるものだ。


後悔する。これは言い換えれば「過去を引きずっている」ことである。

「ああすればよかったのにそうできなかった」「あれをやりたかったのにしなかった」。そんな思いを抱いてしまうのは、力が足りなかったり、判断が甘かったり、リスクを怖がって一歩前に踏み出せなかったからだ。

反対に力があったり、判断が正確だったり、リスクをいとわずやりたいことをやった人は、後悔をあまりすることがないだろう。

私にかんしていえば、基本的にやりたいことを全部やってきたという思いがあるので、後悔というものが基本的にない。

当然失敗もいろいろあるが、「こうしたい」「ああしたい」という欲求がこれまた希薄なので、「ああしておけばよかった」という後悔が湧いてこないのである。

「過去を振り返ると悔いの残ることばかりです。どうすればいいんでしょう?」。そう悩んでいる人は、まずこれからの人生、やりたいなと思ったことは極力やるようにすることだ。

たとえ人からおかしな目で見られそうなことでも気にしない。多少の障害があってもそれを取り除く努力をし、やりたいことをしっかり心に留めてやっていくことである。

悔いを残さないためには、何かを決断するときには慌てることなく、自分の正直な気持ちに照らし合わせて、いま一度じっくり見つめてみることも重要だ。迷いがあるときは己の真の心を見つめる絶好の機会だ。

その上で「たとえうまくいかなくても、結果が出なくても、自分の責任で選んだことだから後悔しない」としっかりといい聞かせ、実行することだ。

また、自分を等身大でとらえられる人は後悔が少ない。

等身大でいるには、まず背伸びしないことだ。背伸びして何かをすれば、失敗する確率は高い。力がなければ、強く求めてもそれがかなえられることはなかなかない。背伸びすることは結局、後悔を増やす原因になるのだ。

私はこれまで「悔いのない人生を生きてきた」つもりであった。ところが、歳をとり、肉体が衰えてくると、人間そうもいかないらしい。

歳をとると、これまでできていたことが、だんだんできなくなってくる。

道場で若い子相手に相撲をとってもいまだ負けることのない私だが、それでもいろいろなことができなくなってきている。できないことがどんどん増えて、終《しま》いには体の不具合が見つかって、大病院の先生にお縄までかけられてしまった。

最近、そのせいなのか過去にとらわれている自分がいることに気付いて「あれっ？」と思うことがたびたび。そんなことはこれまでなかった。

周りから雀鬼と呼ばれ、強い人間と思われている私だが、「桜井会長って、ほんとうに強かったんですか?」と聞かれたら、「俺のどこが強いんだろう?」と思ってしまう。反対に「弱かったところ、あるんですか?」と聞かれたら、「ああ、あれも弱かった、これも弱かった」といえる自分がいる。これまで求めてきた強さなんて幻だったのかなという気になっている。

私が強くなりたいと思いだしたのはそもそもいつ頃からだろうか。

終戦の頃、進駐軍のアメリカ兵たちが堂々とした大きな体で歩いているのを見て、日本が負けたのは弱かったからだと子ども心に思った。弱さとか強さといったことを意識しだしたのはその頃かもしれない。

もう少し大きくなると、海や山に出かけ、自然のもつ圧倒的な力と比べたら、人なんて弱い存在だなと思いだした。私があれほど強さを求めてきたのは、人間が根本にもっている生き物としての弱さを自覚していたからなのだと思う。

弱さを埋めて自然に少しでも近づきたい、そんな気持ちが「強くなりたい」という気持ちに変換されたのだと思う。

だが、それはかなわぬ夢だった。老い衰え、私が土に還《かえ》るのもそう遠い先のことではない。

人の世界において強かろうが、弱かろうが、最後はみな自然に還るのだ。そしてそのことだけは誰も悔いることができないのである。

「うまくいかなくても、結果が出なくても「自分の責任で選んだことだから」と後悔しない。そう自分にしっかりいい聞かせて実行すること。

第三章 素の感情が人生を好転させる

陽気をもたらす動き方

江戸時代の末期、日本を訪れたある宣教師が、日本人の陽気さに感動したという話がある。子どもに限らず、大人まで町ゆく人はみなよく笑い、非常にいきいきとした振る舞いをしていたそうだ。

辞書を引くと「万物が生まれ出て活動しようとしている気」のことを、本来、陽気というのだそうだ。当時の日本人はまさに生命力で溢れかえった陽気な人が大勢いたのだろう。

ひるがえっていまの日本はどうだろう。

陽気とは正反対に陰気な顔をした人のほうが、圧倒的に多くなってしまったのではないだろうか。

夜の通勤時間帯の電車にたまに乗り合わせることがあるが、「嫌な仕事がやっと終わったよ」といわんばかりに疲れきった顔をしている人も少なくない。仕事が楽しく、やりがいのあるものなら、もう少し晴れ晴れとした顔をした人がいてもよさそうなものだが、そんな人はほとんどみることがない。

日中はきっと感情を押し殺し、つまらないと感じながら仕事をしている人が多いのだろう。

陽気とか陰気といったものは〝気〟なので、空気を通して伝わりやすい。陽気な人は周りの人を陽気な気持ちにさせるし、陰気な人は反対に周りの人を暗い気持ちにさせる。

江戸時代の人々がもっていた陽気さの半分でもいまの人にあれば、社会に蔓延《まんえん》している空気はぜんぜん違うものになるに違いない。

それにしても、なぜ外国人が絶賛したほどの陽気さを、日本人は失ってしまったのだろうか。

一つには日本が激しい競争社会になってしまい、心の余裕がなくなってしまったことが大きな理由として挙げられる。

あともう一つは、体を使わなくなったことが大きな原因だと思う。

たとえば江戸時代の人々は、農業や漁業といった第一次産業の従事者ばかりで、みな体を日常的に使って生きていたであろう。商売をやっている町人にしても、現代の商売人に比べれば運搬や仕入・搬出なども含め体をかなり使ったはずだ。

体を動かすと不必要な思考がなくなり、そのため感情の流れもよくなる。陽気というのは感情の通りがよくなり、前向きな気持ちにならないと生まれてこないものだ。

しかし、多くが頭を使う仕事に就いている現代人は、仕事で体を動かすことなど、ほぼない。体を動かすとすれば、せいぜい仕事を終わった後に軽くジョギングをするか、週末にスポーツジムに行くくらいだ。

脳みそに皺《しわ》を寄せて損か得かの計算をしたり、自分についてあれこれ考えてばかりいては、陽気さなど生まれようもないだろう。

陽気な人は実際よく動く。よく動くから視界も広くなって明るくなるのだ。かたや陰気な人は動きが少ない。動かないから視界が狭くなってますます暗くなってしまうのだ。

陽気でない人は、動くということを積極的に日常の生活に取り入れたらいいと思う。それによって視界が開け、感情の通りもよくなれば、陽気なものが少しずつ出てくるかもしれない。

前からよくいっていることだが、私は粋《いき》というものがとても大事だと思っている。じつはこの粋と陽気とは密接な関係があるのだ。

粋を私が大事に感じるのは、人の悪い感情や思考の一切がそこからは除かれているからだ。貪欲、自分勝手、計算、後悔、恨《うら》み、妬《ねた》み、執着、不遜《ふそん》……嫌だな、恰好悪いなと思うものすべてが粋のなかには入っていない。

粋な身振りや仕草のことを「江戸仕草」というくらいだから、江戸の人間はこういう粋を身に付けていたのではないだろうか。その頃の人がみな陽気にみえたのは、そのせいでもあったかもしれない。

陽気というのは、いきいきとした「活き」から生まれてくるもの。生命に活きがあれば、体は流れるように動き、感情は滞ることがない。そこから生まれる振る舞いは澱みがなく、優美で〝粋〟なものとなる。

陽気さと粋の間に密接な関係があるといったのはこうした理由である。

少なくとも陰気なものから粋は生まれない。いまの人に陽気さがないということは、世の中が無粋《ぶすい》な人だらけということでもある。

陰気な人が、いきなり陽気になろうとしても無理がある。

しかし、陽気でない人が粋をめざすことは可能である。もし粋が身に付いてくれば、結果的に陽気な雰囲気がそれに伴って出てくると思う。

粋の精神から学べるものは少なくない。

粋を意識して振る舞うことは、無粋といえば無粋だが、無自覚に無粋であり続けるよりは、よほどいいかもしれない。

体を動かすと不必要な思考がなくなる。
そうすれば感情の流れもよくなり、
前向きな気持ちにおのずとなっていく。

面倒なことに慣れる

人はみな面倒くさいことが嫌いだ。私だってどうでもいいような面倒はごめんだ。もちろん私に限らず、どんな人でも毎日何かしら面倒な思いをしながら生きていると思う。

だが、人類が進歩とやらを遂げたのは、じつはこの面倒くさいと思う感情が鍵を握っているような気がする。

面倒くさいことから逃れようとして、人は便利で楽なことを求めてきたのではないか。そのためにさまざまな技術が生み出され、文明が進歩していったのだと思う。

たとえば料理や掃除は、家電製品が生まれたことで飛躍的に楽にできるようになり、場所の移動も、車や電車や飛行機が発明されたことで楽にできるようになったのだ。

ところで、そうやって面倒をどんどん省《はぶ》いていけば、最終的に人は面倒くさいことから解放されるのだろうか。残念ながら、そうはいかないだろう。面倒をなくすことで、予想できない新たな別の面倒が生まれてくると私は思う。

環境問題なんて、まさにその新たな面倒の最たるものだ。

汚され、損なわれた自然を取り戻すのは非常に面倒なことだし、環境汚染が生活に与えるマイナスに対応していくのもかなり面倒なことである。

原子力発電だって、電気を楽に供給してくれる便利なものと思っていたら、核燃料廃棄物が無害になる十万年後の人類にまで面倒をかけ続ける、厄介《やっかい》な代物《しろもの》であることが広く知れ渡ってしまった。人間関係にしても携帯電話やインターネットの発達によって、かえってややこしい面倒なトラブルが増えていると聞く。

このように人間は、面倒くさいことから解放されたいと願いながら、もっと面倒なことにからめとられていくようなことを結果的にしているのだと思う。

私は反対に面倒なものに向かっていったほうが、面倒がなくなるという感覚をもって生きてきた。「面倒だな」と思いながら、面倒なものをわざわざ拾いにいくのが私の性分なのだ。

昔からトラブルや困難なことに、自ら好んで向かっていく傾向が強かったのも、「面倒で嫌だな」という気持ち以上に、「おもしろそうだな」という思いが勝っていたからだ。トラブルや困難というものは自分の力量がそこで試されるわけで、どこかわくわくするような緊張感を私に与えてくれた。

そうやってトラブルや困難なことに慣れていくと、次にやってくる新しいトラブルや困難が次第に楽に扱えるようになってくる。つまり、「ああ、面倒だな」という気持ちも薄れていくのだ。

自分の欲にいつもとらわれている人は、自分の面倒をみることで精一杯である。それに対して、自分以外の他というものを考えられる人は、人の面倒をみることができる。人の面倒を面倒がらずにみることができる人は、困っている人がいたら面倒くさいということを何も考えずに、さっと動いたりする。そして人から信用される。そういう人は、面倒というものが人が生きていく上でとても大事なものであることを、本質的にわかっているのだと思う。

自分の面倒も他人の面倒も正面からいつも引き受けようとする人は、人間のキャパシティも広くなるはずだ。面倒を面倒くさいといってぞんざいに捨ててしまうのは、非常にもったいないことなのである。

トラブルを面倒なものを後回しにせず、その都度対処して慣れてしまえばいい。次にやってくる困難も楽になる。

無理にポジティブにならなくていい

運をテーマとする本を書いたりしているせいなのか、以前、読者から、

「桜井さんが勝負で運を呼び込むのは、いつもポジティブにものごとを考えているからですか？」

と聞かれたことがあった。運というものは、とらえどころのない不思議なものではけっしてなく、ふだんのさまざまな心構えや行動の仕方で運が来たり、来なかったりするだけのものだ。

あくまでしかるべき思考と行動を重ねていれば、その結果として運が来るのであり、「運よ来い！」とばかり狙って行動を起こしても、いい結果は生まれないものである。

その読者が思ったように、ポジティブ思考はたしかにある面、運をもたらすといえるが、その一方でじつは運を遠ざける要素も多分に含んでいるものである。

私は積極的に何かを求めたり、欲したり、期待したりしないので、ポジティブ思考をもつことは基本的にない。かといってものごとを暗くとらえたり、悲観したり、絶望したりすることもないので、ネガティブ思考の持ち主でもない。

なるべくあるがまま、自然の流れにまかせて生きていたいと思っているだけだ。

このように、ポジティブ思考とネガティブ思考のどちらでもないところで考えたり、感じたりしている私からすれば、ポジティブ思考の強い人にはかなりの無理を感じてしまう。

積極的なプラス思考そのものはいいと思う。

だが、精神が強いマイナスの状態にあると、ポジティブ思考はその人の心に、不自然な圧力をかけることになる。それがポジティブ思考のネガティブな問題点なのだ。

天気を例にとるとそのことはわかりやすい。

「いつも晴れた天気がいいな」と思っても、毎日ずっと晴れることはない。曇ったり、雨が降ったり、強い風が吹いたり、天気は絶え間なく変化する。晴れだけの天気や雨だけの天気というのはありえないのである。

人の心も天気と同じだ。明るくなったり、暗くなったり、喜んだり、悲しんだり、怒ったり、目まぐるしく変化する。その変化をそのまま素直に受け入れることが、じつはもっとも心に負荷をかけないのだ。

だが、ポジティブ思考が強いとプラスの感情だけを受け入れ、マイナスの感情は排除すべき悪いものというとらえ方をしてしまう。「この暗い自分は本来の私じゃない」と考え、「明るく積極的な私」を常に頭のなかにイメージするのである。

つまり、深く落ち込んでマイナスの気分にとらわれているときでも、「暗く落ち込んでいる私」などいないかのように振る舞うのだ。

そんな姿は、私にはとても痛々しく感じる。なぜそんなに痛々しいかというと、上辺《うわべ》だけの元気を装うと虚しく自分を空回りさせることになるからだ。

実際、ポジティブ思考と暗い気分との間に距離があると、激しい葛藤が生まれ、心は知らず知らずのうちに消耗してしまう。そんな緊張が続くと、ちょっとしたことで心はポキンと折れてしまったりするのだ。

もしあなたがポジティブ思考を習慣にしているなら、自分の心の深いところで何が起きているかを精緻《せいち》に観察するといいと思う。

心が深く沈んでいるときにポジティブ思考をもつのは、辛くて悲しい現実をみまいとする一種の現実逃避ともいえる。

人間の成長は、自分の弱さやダメなところを見つめることでなされるものなのに、過度なポジティブ思考をもつと、そのチャンスを自ら捨てることになってしまう。

辛いとき、悲しいときは、苦しくてもそこから逃れようとせず、その感情に寄りそうようにしたほうがいい。辛い気分、悲しい気分に陥ったとき、それを無理に変えようとすると、余計に辛さや悲しさは尾を引くものである。

感情というのは一つのところにとどまっていないので、いつまでも辛いとか、いつまでも悲しいということはありえない。辛いときでも悲しいときでも、正面から向かい合ったほうが自然な変化を感情に起こし、早く辛い状態から抜け出ることができるのだ。

ポジティブ思考というと、掛け値なしにいいものと思っている人は多い。しかし、このようにポジティブ思考は、下手に使えばその人の心を追い詰める凶器に変わってしまうのである。

ある程度プラス思考でいくことは悪いことではないが、強く落ち込んだりしているようなときは、その感情に合わせて、むしろネガティブ思考になったほうがいいのである。

私自身はある面、ネガティブ思考の人間である。なぜなら、私は前向きでなく、後ろ向きの姿勢でいつもいたいと思っているからだ。それはどういうことか。

人間は前に進むことが絶対にいいことだと思って、科学や経済を発展させてきた。

だが、そのことによる弊害は環境問題や心の問題をみればわかるように、いまや無視できないほど大きくなってしまった。

これ以上、人間が迷わないためには、私は人が自然に寄りそって生きていた時代のほうへ後ろ向きに戻っていったほうがいいと考えている。

だから私は後ろ向きの人間なのだ。この点においてだけは、私は死ぬまでネガティブ思考の人であり続けたいと思っている。

感情は一つのところにとどまらない。
いつまでも辛いとか悲しいということはない。
正面から向き合えば、自然に変化し早く抜け出せる。

感情から力みを抜く

感情を縦軸、横軸のある座標空間で表すとすれば、プラスでもマイナスでもないゼロの場所がある。

このゼロにある感情とはどのようなものだろうか。

そこは感情が発生しない空《くう》の場所なのか。

もし、単純に喜びと悲しみ、希望と絶望、確信と不安といった、相反する感情のそれぞれの真ん中をとったものであれば、そこは喜びと悲しみ、希望と絶望、確信と不安が入り混じった場所でもあるわけで、感情そのものが起こらない場所とはいえないだろう。

おそらく何の感情も起きない場所とは、感情を表す座標空間の中心だ。

そこは、まったく純粋な感覚の領域といっていいかもしれない。

いずれにせよ、座標軸のゼロにくる感情はいろいろなものが混じっているため、一つの言葉でストレートに表せるものでないことはたしかだ。

ポルトガル語でサウダージという言葉がある。

ブラジルやポルトガルなどの国で、とくに歌詞に好んで使われる言葉で、郷愁、憧れ、切なさ、思慕などさまざまな意味合いをもつ。

楽しく無邪気だった子ども時代への郷愁、追い求めてもかなわない憧れ、二度と戻ってはこない愛着あるものへの切ない気持ちなど、一言ではいえない複雑な感情を表現しており、他の国の言葉に翻訳することはできない。

このサウダージを座標空間上に表すとすれば、果たしてどこに置けばいいのだろうか。とらえどころのない複雑な感情が合わさったサウダージには、はっきり座標空間上でここという点はありえない。もしどこかに置くとすれば、それこそゼロの近くになるかもしれない。

サウダージははっきりした輪郭をもたない、空気のようにつかみどころのない不思議な感情だ。フワッとしたその感情には、力《りき》みというものがまったく感じられない。

感情に力が入っているかどうかということを考えたとき、好むにしろ、怒るにしろ、悲しむにしろ、願うにしろ、感情にはどこか力みが入っているものが少なくないことに気付く。

マイナスの感情はたいがい力みが入っているが、プラスの感情もそれなりに力みが入っているものが意外とあるのだ。こうした力みが入った感情から力みを抜いた感情こそ、ゼロに近いゾーンにくるといえるのではないだろうか。

マイナスの感情でもそこから力みを抜けば、気持ちがマイナスに引っ張られなくなる。マイナス方向に引っ張られなくなるということは、ゼロに近づくということである。このように感情から力みをとるというのは、とても大事なことなのだ。


思えば私が麻雀で真剣な勝負をしていたときは、そこにはっきりとした感情らしきものは動いてはいなかった。

勝負の前には「もしかしたら負けるかもしれない」という怖れに近い感情が芽生えることもあったが、いざ勝負に入るとそんな不安も、そして「勝とう」という気持ちも一切なくなっていた。

かといって感情がまったく起こっていないというわけではなかった。

■ニュートラルな感覚■

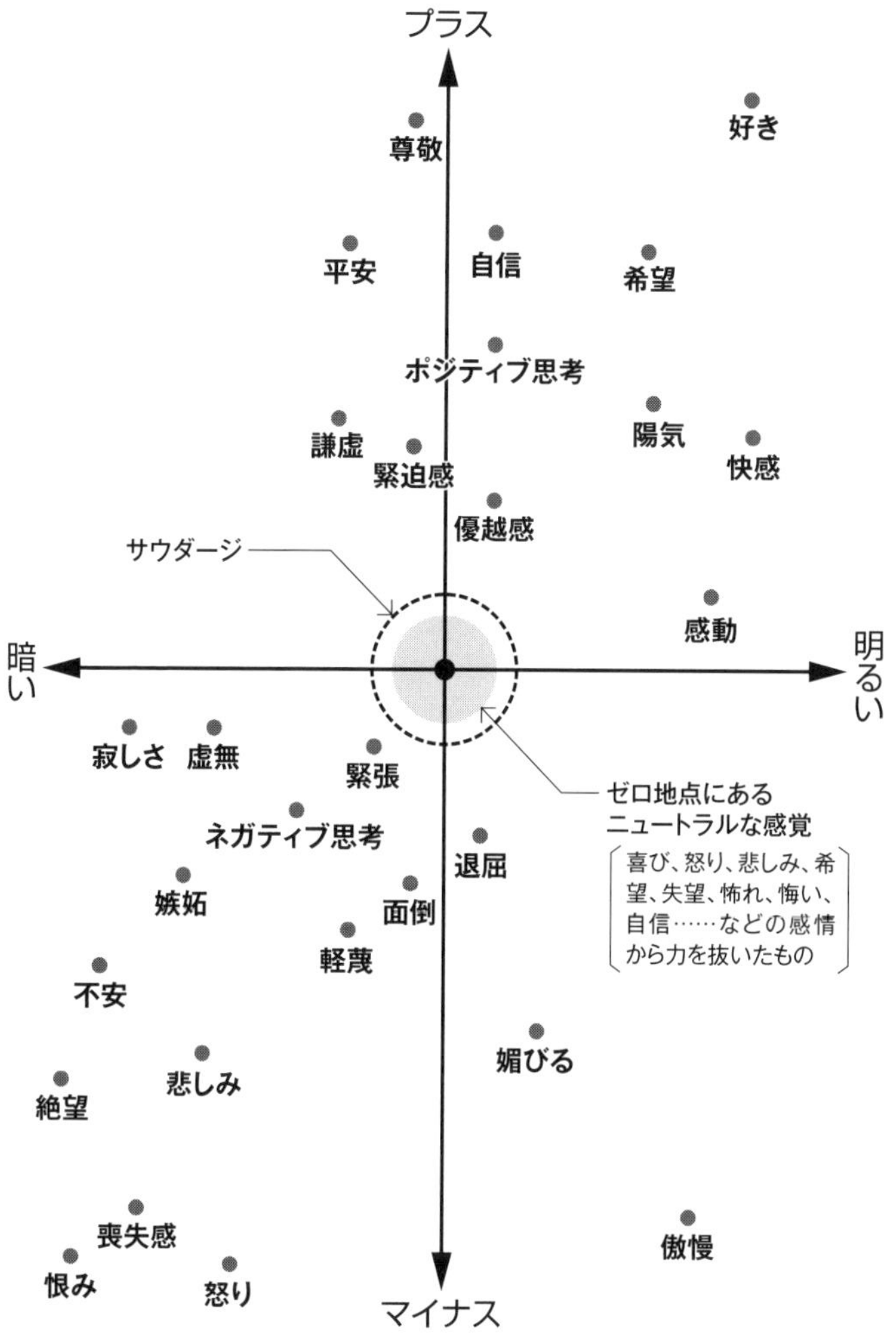
プラス
マイナス
暗い
明るい
好き
尊敬
平安
自信
希望
ポジティブ思考
謙虚
緊迫感
陽気
快感
優越感
サウダージ
感動
寂しさ
虚無
緊張
ゼロ地点にある
ニュートラルな感覚
喜び、怒り、悲しみ、希望、失望、怖れ、悔い、自信……などの感情から力を抜いたもの
ネガティブ思考
退屈
嫉妬
面倒
軽蔑
不安
媚びる
悲しみ
絶望
喪失感
傲慢
恨み
怒り

そこにあったのはニュートラルとしかいいようのない感覚であり、それに付随する感情は「感情であって感情でない」不思議なものであった。

「ヤバいな」「苦しいな」「この野郎！」「しめしめ」「よかった〜」「やった！」といった感情らしい感情はほとんどなく、ただ緊迫感のあるなかで感情を超えた何かがちらちらうごめいていた。まさにニュートラルとしかいいようのないものだったのだ。

このニュートラルな感覚こそ、ゼロそのものといってよい感情かもしれない。

こうしたニュートラルな感覚は勝負を真剣にやっている人間なら誰しも体験しているはずで、けっして特殊なものではない。

ニュートラルな感覚の領域には、喜びも怒りも哀しみも楽しみも一切の感情が消えているようで、同時にすべての感情の芽が含まれているような不思議さがある。それを言葉にするのは極めて難しい。

ただ、たしかにいえることは、感覚がニュートラルな領域に入ったとき、人には常識を超えた強さが出てくるということだ。

「プラスの感情もマイナスの感情も
力みを抜いたニュートラルな状態では
人は常識を超えた強さを発揮する。

怒りはその場で処理する

怒りをテーマにした本が最近はけっこう人気があると聞く。それだけ怒りを抱えて苦しんでいる人が、いまの社会にはたくさんいるということなのだろう。

怒りの根っこにあるものは「不安」だと思う。

不安の多い時代だからこそ、怒りの感情も同じように人々のなかで増しているのかもしれない。

私は人から「雀鬼」と呼ばれているが、鬼なら私は絶えず怒っていなくてはいけない。

たしかに若い頃の私はよく怒っていた。許せないと思えることが次から次と目の前に現れ、それが一度視界に入ってしまうと、矢も盾《たて》もたまらずという感じで相手にそのエネルギーをぶつけていた。

怒りを体を使って出すことは、それこそ日常茶飯事《さはんじ》だった。麻雀の勝負で汚い脅しをかけてきたヤクザ相手に体を張ったこともあったし、国道で砂利を運ぶダンプカーのガラの悪い運転手に因縁をつけられ、他の車を止めさせて大げんかをしたこともあった。

だが、この歳になると直情的に怒るということはほとんどない。

怒っても怒ってもキリがない、というあきらめのようなものがあるのか、少し腹が立つようなことに出くわしても、相手の態度をちょっと茶化《ちゃか》すように諭《さと》すだけで終わったりする。

あるいは怒りの感情がその瞬間湧いても、それをパッとスルーして気が付くと別の感情に変わっていることもある。私は雀鬼かもしれないが、もはやふだんは滅多に怒らない鬼なのだ。


よく「後から考えると腹が立ってきて」ということを口にする人がいる。

それはその瞬間にものごとを処理しないからだ。「瞬間は愛なり」ということを私はよく口にするが、「瞬間に感じて動く」ことはとても大切なことなのだ。

理性を働かせて、いつも考えてから動くタイプの人のほうが、いまの時代は圧倒的に多いだろうが、考えていては間に合わないことがたくさん出てくる。

考える癖がついているから、その瞬間に怒りを覚えないのである。

怒りはその場で感じて出さなければ後でどんどん大きくなる。大きくなって手がつけられなくなるということがないよう、その前にちゃんと処理をしておくべきなのだ。

理性でなく、ふだん感情を動かしている人であれば、その瞬間に怒りを感じてその場で発散させるだろう。

私は考えるということに重きを置かない人間なので、「後から考えると腹が立つ」ということはない。その場で怒りの感情が湧き、その場で発散させる。だから怒りを後に引きずることはなく、恨みのような感情が残ることもない。

ただ、怒りの感情をその場で感じて出すことについては、日頃から感情を出すことをしていないとできない相談である。怒りの感情は後から理性的に処理できないものだが、瞬時に感情を動かせばその場で処理することができるのである。

理性は人の行動を可能な限り、合理的にするように思える。だがそれに偏りすぎると、かえって不合理な結果を招くのだ。怒りの感情はそのことを何よりも雄弁に教えてくれるのである。

「考える習慣の人はすぐ怒れない。
理性で考えすぎず、怒りはその場で
発散させたほうが大きくならない。

無常観のなかの怒り

怒りの感情はその場で出せといわれても、そう簡単にはできないこともあるだろう。ここで怒ったら会社に迷惑がかかるとか、大切な人の顔をつぶすことになるとか、いろいろな理由で怒りたくても怒れないという状況があるかもしれない。

以前、対談したことのある精神科医の先生は、そういうときはとりあえず「五つ数えて気持ちを落ち着かせる」といっていた。人によって気持ちの落ち着かせ方はさまざまだ。怒っている自分に対するとらえ方を、ずらしてみるのも一つのやり方だ。

人はみな自尊心というものをもっているがゆえに、自分のことが一番正しいと思っている生き物である。意識的、無意識的に絶えず自分のことを正当化しないと生きていけない生き物なのだ。

その心理的なメカニズムを頭に入れておけば、怒ったとき一〇〇%自分が正しいと感じても、そこには必ず底上げされた部分があるのだと思える。そうすると自分が怒っているのは絶対的なことだろうか、相手のしたことにも少しは理があるのではないか、そう考えることができる。

そうやって俯瞰《ふかん》したアングルで自分と相手を眺めると、怒りで沸々とした感情も少しはやわらぐかもしれない。

実際、相手の立場に立ったりしてよく考えれば、「自分だけが一〇〇%絶対正しいとはいえないな」と思えるケースは意外にあると思う。

もちろん、どう考えたところで相手に一〇〇%問題があるというケースも、なかにはあるだろう。そんなときはどうするか。

それは相手を可哀そうな人間だと思うことだ。

こんな態度や行動しかとれないのは、この人が生まれ育った環境に問題があったのだ、親からひどく押さえつけられたり、いろいろな辛い目に遭《あ》ったからこそ、自分勝手な考え方しかできなくなったり、人に嫌な思いをさせても平気なねじれた性格になったのだ……

そう考えると、相手も被害者なんだとどこかで納得するのである。

こうやって怒りの対象である相手を相対化してみたり、憐《あわ》れんでみたりというのは多少の効果はもっている。だが、もちろん限界はある。

もっとも大切なのは、変化という観点から怒りの感情をとらえることだろう。

この世にあるものの一切は変化して止まない。同じ状態でとどまっているものは何一つない。怒りの感情もまた同じだ。

仮にすさまじい怒りの感情に襲われても、それを同じ程度で、死ぬまでずっと持ち続ける人はまずいないだろう。怒りの感情はやがて別の感情に変化するし、怒っている本人も相手も変化していく。

そんな無常観のなかで怒りというものをとらえるのだ。

たとえば、山田さんという人があることでものすごく怒ったとしよう。でも怒ったときの山田さんは山田Aであって、それから少し経てば、山田さんは山田Aでなく山田Bや山田Cになっているのである。「怒りの感情をたぎらせた山田A」は、その瞬間にだけ存在していたのであり、二度とこの世に存在することはない。

そういう感覚で自分のことをとらえると、すっと楽になる瞬間があるはずだ。

これは考えるというよりは、感覚的に「あのとき怒っていた私（僕）はもうこの世にいないんだ」と感じることがポイントである。

「この世にあるものの一切は変化して止まない。「怒りにとらわれた私」は、「すでにいない過去の私」と考えてみる。

負けずに怒りをぶつける

会社の上司などでもやたら怒るタイプがいる。

こういうタイプは、怒ることで自分の立場を権威づけたいという気持ちもあるのだろうし、文句をいわない弱い立場の人間相手に、ストレスを発散させている面もあるだろう。

そんな理不尽な怒りをぶつけてくる相手には、どう対応すればいいのだろうか。

これはそんなに難しいことではない。

怒りを武器にしている人間には、こちらもそれ以上の怒りをぶつけてやればいいだけだ。


私が子どもの頃、学校の先生でやたら強面《こわもて》で、生徒を力ずくで押さえてくるような人がいた。私はそういうタイプが非常に嫌いだったので、あるとき一人でその先生に立ち向かっていったことがあった。授業中に怒られることをわざとやったのだ。

みんなは怖い先生だから、当然大人しく授業を聞いている。そのなかで私は友人の弁当をとって、堂々と広げて食べたのだ。

それを見つけた先生は「出ていけ！」と怒鳴って、大きな定規で私を叩こうとした。

しかし、私は逃げないで先生の懐に入っていき、頭で相手の胸を突くような姿勢をとった。叩こうとした相手の顔が自分の胸に押しつけられては、叩こうにも叩けない。

そんなことがあって先生は、俺の怖さは誰に対しても通じるものではないんだと悟ったのかもしれない。

それ以降、生徒に対する怒り方が変わった。それまではやみくもに怒鳴っていた先生が、必要なときにだけ怒るようになったのだ。

怒りに対して、それ以上の怒りでなくてもいい。

自分のほうが上だぞとアピールしてくるような相手には、そんなもの「屁《へ》でもないよ」という態度を示すのが効果的なのだ。

「他には通じてもこっちには通じないよ」ということをはっきり示してもいいし、そんなことでいちいち怒りをぶつけてくるなんて、「あんたも小さいね」ということをそれとなくいってもいいだろう。
そのとき相手は逆ギレするかもしれないが、「あなたのその怒り方は負けだよ」ということが伝われば、相手の態度はきっと変わるはずだ。

弱い立場の人にだけストレス発散させるために怒りをぶつけてくるような相手には、それ以上の怒りをぶつけてやればいい!

第四章

折れない心をつくる

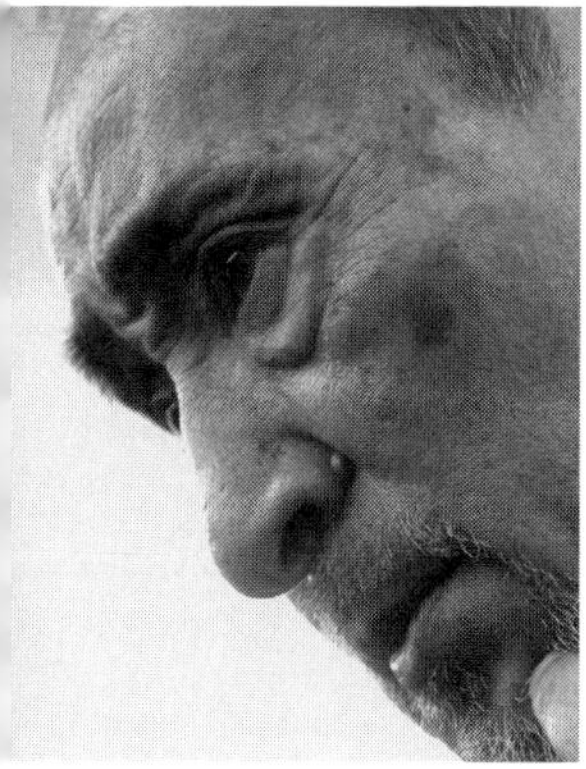

悲しみに浸りすぎない

あなたは悲しいことがあると、どうしているだろうか。

悲しさに浸ってしまって、他のことが何も視界に入らなくなる人。悲しんでも仕方ないと、とりあえず目の前のやるべきことに集中しようとする人。人はいつも前向きに生きるべきだと、ともかく明るく振る舞おうとする人。

一番目の、悲しさに浸ってそこからなかなか出ようとしない人は、悲しさという感情に酔ってしまっているのかもしれない。

よく失恋したときに女性が感傷的な気分になって、一人暗く部屋に閉じこもったりするが、これなどは悲しさに酔っている状態といえるだろう。

悲しさにずっと浸っていると、辛く悲しい反面、どこかで心地よかったりもする。

悲しい感情が自分を純粋な存在にしてくれるようで、触れるものすべてが繊細に響いてくる。

このように悲しさに酔うと、悲しい状態から早く抜け出ようという発想が弱くなることがある。悲しみの感情に酔うことで悲しさを自ら強めているのである。

二番目の、悲しみの感情をいったんおいて、目の前の現実に打ち込むというのは悲しみから抜け出す方法としては理にかなっている。仕事でも家事でもやるべきことがある人は幸せなのだ。

こういうときに何もやることがないと、必要以上に悲しさに強く打ちのめされてしまうことがある。

三番目の、いわゆるポジティブ思考の人はちょっと不自然である。

悲しみという感情を、マイナスのものとして考えることがそもそもおかしい。人が悲しくなるのは当たり前のことで、それはマイナスとかプラスという考え方で判断する対象ではないのだ。

悲しいときは素でその感情を受ければいい。

ふだんから素で生きている人は、ただ素直に悲しさを感じる。素直に悲しさを感じることができれば、人の悲しさをもまた素直に感じ、思いやることができる。

感情というものは自然に変化していくものだから、素で悲しさを感じていれば、やがてそれは悲しさ一色ではなくなり、そこに怒りや喜びなど別の感情が少しずつ混じってくる。

そうやって次第に悲しみの感情は、別の感情にとってかわられていくはずである。

この悲しさはずっと続くのではないか、などと心配することは何もないのである。

すなわち、悲しさを否定して別の感情を無理にもってくる必要は、まったくないのだ。

悲しいときに素でそれを受けなければ、その悲しみは自覚のないままいつまでも心の底に残り続けることがある。そして別の悲しいことがあったときに噴き出したりするのである。

そもそも感情は、イチかゼロかというふうにデジタル的に動くものではない。

虹の赤や青や黄といった色が、それぞれ互いに混じり合いながら徐々に赤になったり青になったりするのと同じで、悲しみ、喜び、怒り……と順番に特定の感情だけで心がきっちり覆われることはないのだ。

同じ悲しさでも、家族や親しい人などの死などによって深い喪失感を伴うものもある。

私は母を亡くしたとき、深い喪失感にとらわれた。

母は、父の勝手な生き方に振りまわされてさんざん苦労をした人だった。朝は家族の誰よりも早く起きて、夜は誰よりも遅く寝た。父が外で遊んで家に帰ってこないため、朝から晩まで働き通しだったのだ。私がいわゆるギャンブルとしての麻雀が嫌いな理由は、無《ぶ》頼《らい》な父が麻雀にはまって、さんざん借金をつくって母を苦しめたからだ。

そんな母には孝行を精一杯したいと思いながらも、十分に尽くすことはできなかった。

母が亡くなったときは、「ごめんなさい」という言葉と、一生懸命育ててくれて「ありがとう」という気持ちの二つだけが出てきた。

母が与えてくれたものを、私は全然返すことができなかった。そんな思いもあっての「ごめんなさい」と「ありがとう」であった。

深い喪失感というものは簡単に埋まるものではない。

そんなときもやはり、素直に悲しさを受け入れ、時間をゆっくりかけて感情が変わっていくのを待つしかないと思う。

ただこういうことは、薄らいでいくと思っていてもいいかもしれない。

それは「終わり」は「始まり」ということだ。どんなものごとにも必ず「終わり」がある。

「終わり」は寂しいし、ときには悲しいものだ。だが、見方を変えれば「終わり」は、また新たな「始まり」なのである。

「始まり」は希望の芽を孕《はら》んでいる。「始まり」を意識することは、希望を感じることでもあるのだ。

何かを喪《うしな》って暗く沈むことがあっても、どこかで「始まり」というものをイメージしていれば、それに相応《ふさわ》しい現実がやがて、どこからともなく導かれてくるものである。


「悲しみに浸ると心地よくなってしまう。

無理に前向きにならず、受け止める。

ゆっくり時間をかけて、変化していくのを待つ。

喪失感に強くなる

喪失感について先に少し触れたが、私はふだんから失うことを練習しておけばいいと思っている。なぜなら人が歳をとるということは、さまざまなものを失っていく過程にほかならないからだ。

体のいろいろな機能が衰える。友だちや知り合いが死んでいく。何よりも人生のもち時間が失われていく。そして最後には死によってすべてを失う。

おそらく得るものより、失うもののほうが歳をとるにつれて増えていくはずだ。ただ、そのときに失うことにいちいち落ち込んだり、悲しんだり、未練をもっていてはキリがない。失うことに対して一つひとつ大きく揺れていては、人は生きていけないのだ。

そういう意味で、得たものに対して手離れがよくなるとか、執着をもたないといったことはとても大事なことだ。そのためには「失う練習」をふだんからやっておくといいと思う。

「失う練習」といっても何も大げさなものではない。

何かに執着していたり、大切にしていたものを失ったりしたとき、「いま、失う練習をしているんだ」と思うだけでいいのだ。

そういうことを感じたり、思ったりといったことを重ねていけば、その人は次第に手離れ上手な人間になる。どんなことにも必要以上にとらわれたり、強く執着することがなくなっていくはずだ。

手離れ上手になることは、すなわち心軽やかに生きていくコツでもあるのだ。

もっとも、失うものは目に見える形でいつもはっきりしているわけではない。むしろ気付かないうちに失っているもののほうが多かったりする。それに気付くかどうかでその人の生き方は大きく変わってくるだろう。

たとえば何かを得たとする。そのとき裏では何か失われているものがあると思ったほうがいいのだ。

仕事に夜も昼もなく没頭して成功した人がいるとしよう。

だが、こういった人は仕事に打ち込むエネルギーが多すぎるため、家族と過ごす時間がなくなり、家族との関係がぎくしゃくするかもしれない。ついには一家離散の憂き目を見ることだってあるだろう。

あるいは友人、知人との付き合いも疎かになり、気が付いたらまったく誰も心から話せる相手のいない孤独な人間になっているかもしれない。

こういう人は、成功と引き換えに失ったものの大きさを後悔してももう遅いというタイミングで、やっと気付いたりするのである。


得たときには何かを失っているのであれば、反対に何かを失ったときには、得るものもあるということだ。

だから何かを失ったときはけっして失う一方でなく、反対に何かに気付いたり、学んだりするチャンスがきたと思っておくといいだろう。

「得る」とか「失う」ということに対し、多くの人は単純に一方向でそれをとらえがちだ。


だが、実際は得ることと失うことは、目に見えない大きな円環でつながっているのである。喪失感に襲われたときは、そんな環のなかに喪失感を置いてみるといいのではないだろうか。

歳をとるということは、さまざまなものを失うこと。気付いたり学んだりするチャンスがきたと考えればいい。ふだんから「失う練習」をしておくことだ。

寂しさを埋めるには

「振り込め詐欺の犯人というのは共感能力が欠落している」

そんなことをある教育心理学の先生がいっていたそうだ。

共感能力というのは、親やその周りの大人たちが子どもの感情に寄りそってあげることで基本的には育《はぐく》まれるものだが、振り込め詐欺の犯人は、不幸にしてそういう環境で育たなかったということらしい。

たしかに共感能力がないから、お年寄りの立場を想像することができず、平気で大金を騙し取ったりできるわけだ。

被害に遭った老人たちは、大金を失うことで生活が立ち行かなくなり、路頭に迷うかもしれない。あるいは、お金がないため介護施設に入ることができなくなったり、治療できずに持病を悪化させて亡くなってしまうかもしれない。そんなことが詐欺の犯人たちはまったく想像できないわけである。

共感能力の高い人は人の気持ちを察することがすぐにできるので、人から好かれたり信頼されたりする。上《うわ》っ面《つら》でない本音で付き合える人間関係を築き、仲間も多い。

反対に共感能力が低い人は自分勝手な行動が多いため、人からの信頼を得ることもなく、遠ざけられる存在になりがちだ。

共感能力がある人とない人とでは、当然、人生のあり方が大きく違ってくる。

では、共感能力があまりない人は、どうすれば共感能力を高めることができるのだろうか。

それにはまず、相手のことを想像する習慣をつけることだ。

「私はいまこう思っているけど、あの人の立場からみるとどう感じるんだろう?」

「相手にしたことと同じことを自分がされたらどんな気持ちになるだろうか?」

そんなふうにして、相手の立場に立ってものごとを考えるのだ。

もう一つは、「考える」のでなく「感じる」習慣をつけることである。

頭で考える人は、生き方が合理的になってしまって、相手の気持ちに寄りそえなくなるものだ。

たとえば「あの人にこんなことをしてあげても意味がない」とか「こんなものをあげても仕方ない」と頭で判断して、気持ちが相手に入っていかないのである。そんな対応をされれば、相手も当然その人に対しては気持ちがなくなってしまう。

人と人とは頭で合理的に損とか得とか、必要とか不必要と判断するのでなく、気持ちで素直に感じるという姿勢で、本来接していくものなのだ。


東日本大震災以降、「絆」ということがやたら強調されたが、これは簡単にいえば「人はお互いもっと共感し合いましょう」ということだ。

ただ共感というのは自然な感情の表れなので、スローガンのように共感を持ち合いましょうといわれても、それはちょっと違うかもしれない。

もっとも、こういう言葉が強く押し出されたことの背景や理由を探ることは、意味のあることだと思う。

絆が強調されたということは、この社会における人と人とのつながりが非常に弱くなっているということであり、また個人個人がもっている共感能力が弱くなっているということだ。

人は誰しも心の奥に孤独感や寂しさを抱えているものだ。メールやネットの世界でさまざまな人とつながるのは、そうした寂しさが根底にあるからである。寂しさを埋めようとしてせっせとメールを打ったり、ネットでまったく見ず知らずの人とコミュニケーションをとったりするわけだ。

つまり、この社会はみな寂しい人だらけなのだ。

知り合いがいっていたが、仕事で打ち合わせと称しながら、会えばほとんど雑談しかしない人がいるという。五分十分で終わる用件なのに、わざわざ人を呼び出したりする。こういう人は、自分の寂しさを埋めるために仕事を利用しているのだ。

ここまで寂しいと感じている人が多いのは、現実の社会で生の感情を出し合ったり、それを共有し合ったりする機会が少ないからである。

「ああ、寂しいな」と心のどこかで感じながら、メールを打ったり、ネットでいろいろな人とつながることを毎日繰り返していても、その寂しさは永遠に埋まることはないだろう。埋まらないどころか、ますます寂しさは強くなるのではないか。

そんな悪循環を断とうと思えば、まずは生身の人間とどんどん接することである。そして合理的に人間関係をとらえずに、天然の感情をできるだけ素直に出していくことである。

感情を生の体験から学んでいけば、自分の寂しい感情の扱い方もおのずと変わっていくはずである。

メールやネットに頼らず
もっと生身の人間と接してみること。
素直に自分の感情を出してみること。

不当に負かされると恨みになる

「思い返すと腹が立ってきた……」

そんな経験はたいていの人がしているのではないだろうか。怒るどころか、なぜか相手の口車に上手に乗せられ、「ありがとう」とお礼までいってしまった。まったく逆さまではないか。

傍からみれば滑稽《こっけい》でしかないが、「なんであのとき、相手のずるいやり口に気付かなかったんだ」という思いで腸《はらわた》が煮えくり返る。

あるいは気が弱くて、言うべきことをちゃんと言い出せなかった。相手のいいように丸め込まれてしまったという思いで、怒りの感情がふつふつと湧いてくる。

怒りの感情は前にもいったように、なるべくその場で出すようにしたほうがいい。でないと、怒りは出口を失って尾を引くことになる。後に残った怒りの感情がしつこい恨みへと変わるのだ。

恨みの感情が面倒なのは、怒りをぶつける相手が目の前にもういないとか、あるいはそれを吐き出すタイミングを失してしまっているからである。

恨みが強いと、時間が経つほど根が張ってしつこいものになる。一度根を張った恨みは、年単位の長い時間が経過しても残り、ふだんは意識されることがなくても、何かの拍子にふと顔を出すことがある。

映画などに出てくるお化けや幽霊というのは、たいてい恨めしそうな顔をして出てくる。日本古来の伝統的な幽霊などはまさに「恨めしや〜」といって出てくる。

お化けや幽霊というのは、そもそも誰かの恨みの念を感じた人間が、想像力を働かせてつくりだしたものなのかもしれない。

だが、お化けや幽霊なんかよりもよほど怖いのは、恨みを抱いた生身の人間である。新聞の社会面を賑わす事件を起こす人の多くは、恨みが動機になっている。

飼い犬を保健所に殺されたからという理由で、その三十数年後、宅配業者を装って厚生省（当時）の元役人の自宅を訪れ殺した男性がいたが、この事件は恨みの感情がどれだけ怖いものかよく物語っていると思う。

これはあまりにも極端な例だが、強い恨みの感情はそれが晴らされない限り残り、本来恨むはずではない人までも恨んでしまうのだ。

日本では年間に二万人以上の人間が自殺をするが、自殺というのは自分に対する恨みが極まった状態でなされるものといえる。

自殺する人は死んでも浮かばれないという理由で、自殺の名所といわれているところは幽霊がよく目撃されるとかで、怖いもの見たさで訪れる人の人気スポットになるのだそうだ。

人は表面からではわからない感情を抱えているものだ。いつもにこやかで温厚そうにみえる人でも、内心恨みつらみの感情を抱いていることだってある。

私はネットのことは何もわからないが、ネットの世界というのは、人のマイナスの感情が吐き出されるゴミ溜めのような一面ももっていると道場生から聞いた。なかでも誰でも書き込める有名な掲示板には、絶えず他人への誹謗中傷《ひぼうちゅうしょう》、罵詈雑言《ばりぞうごん》が書き連《つら》ねられているという。

それだけいまの人は、恨みやつらみの感情が多いということなのだろう。表面からはわかりづらい恨みの念が深く渦巻いている社会。そんな気味の悪い社会に日本はなっているのかもしれない。

もしあなたが恨みの感情を抱えて、それがどうも気になって仕方がないとしたら、どうすればいいだろうか。

そもそもなぜあなたは相手に怒り、それを恨みへと変えていったのか。あなたが怒ったのは、勝ち負けでいうと相手に負けたからである。

それもただ負けたのではなく、相手が反則技を使ったり、ズルをしてフェアでない勝ち方をしたからだ。

フェアな戦い方をして負ければ恨みなど残らない。それを相手は有利な立場を利用したりして汚いやり方で勝ってしまった。だから許せない、となるのだ。

それなら相手に対してこう思ってみてはどうだろう。

「汚い手を使って勝ち星をあげて嬉しいかい？　勝ったつもりでいるのかもしれないが、それはあんたの人生を必ず損なうよ、ご苦労さま～」と。

そんなことを心のなかで相手につぶやいたあとは、目の前の現実を一生懸命に生きることだ。

仕事でも生活でも気持ちを込めながらも淡々と、右から左へとこなしていく。そうやって日々を重ねていけば、あなたは自分への信頼感をしっかりもてるようになるだろう。

自分への信頼感とは言い換えれば自信だ。

根っこのしっかりした自信ができれば、余裕をもって過去を振り返ることができる。

そのとき、昔の恨みを思い出してもあなたの感情が大きく揺れることはないだろう。

「そんなこともあったなあ」と一瞬嫌な感情にとらわれるかもしれないが、次の瞬間にはもう忘れてしまう程度のものに変わっているはずである。

「勝ったつもりでいるかもしれないが、
その分あんたの人生を必ず損なうはずだ」
と心の中でつぶやき淡々と仕事に集中すればいい。

嫉妬せず、自分に勝つこと

私は嫉妬という感情とは、ほとんど縁のないところでこれまで生きてきた。

それは私が世間的な意味での競争社会、つまりビジネス社会とはほとんど交わることがなかったことも大きな理由かもしれない。競争心がなければ、嫉妬は生まれようがないからだ。

「麻雀の勝負だって競争じゃないですか？」と思う人もいるだろうが、幸か不幸か麻雀の神様は私にはとても優しかったのだ。

もし私がさして強くはなく、たまに負けるような勝負をしていれば、強い奴に競争心や嫉妬を多少は抱いただろうか。仮にそうであったとしても、嫉妬という感情はほとんど湧いてこなかったと思う。

麻雀を始めた頃は、勝つことにひどくこだわった時期もあったが、やがて勝敗を気にするより、ひたすらいい勝負をすること、そして強くなることだけを考えるようになった。だから、もし負けても納得のいく戦い方をしていれば、悔いはないし、相手を羨《うらや》む気持ちなどもたないだろう。

そういえば、将棋の羽生善治《はぶよしはる》永世七冠も以前お会いした際に「勝つとか負けるといった先にあるものを、いつも追い求めているような気がします」ということをいっていた。羽生さんは、少年のような初々しさと清々《すがすが》しさを併せ持ったような方だが、それはこのような心持ちから生まれてくるものだと思う。

人が嫉妬をする相手というのは、同じ土俵で競っていると思う相手である。ちょっと頑張れば勝てそうだとか、努力次第で同じレベルまでいく可能性があると思える相手にしか嫉妬の感情は湧いてこない。

つまり、自分とあまりにもかけ離れた存在は羨ましく思っても、嫉妬の対象にはならないのだ。

たとえば、高校野球の選手がイチロー選手を妬むことはないが、プロの選手なら嫉妬の気持ちを抱きうるということだ。嫉妬が起こるのは、「俺だって、運さえあれば」とか、

「もうちょっと頑張れば」と思う相手に対してだけなのだ。

そんな嫉妬の感情を軽くしたり、もたないようにするにはどうすればいいか。

それは私がかつて麻雀の勝負をしていたときにそうだったように、競うのは相手でなく、最終的には自分と戦っているのだと思うことだ。自分に勝てるものだけが真に勝負に勝つのである。

自分が納得のいく勝負をしているか、納得のいく準備をし、納得のいく行動をとっているか、それに尽きるのである。

たとえ勝っても卑怯な勝ち方であれば、それは自分との勝負には負けているのであり、そんな戦い方をしている限り、嫉妬の感情からは自由になれないだろう。

嫉妬の感情を軽くするもう一つの考え方は、嫉妬を楽しさに変換することだ。

嫉妬は嫌な感情なのに、いったん嫉妬し出したらそれをなかなか止めることはできない。嫉妬が苦しいのは、自分を追い込む感情だからである。

だが、苦しさのほうに追い込むのではなく、楽しいとか喜ばしいという感情に変えることは可能だ。

それには、自分によほどの自信や余裕がないと難しいのではないかと思う人もいるかもしれないが、そんなことはない。

簡単にいうと、嫉妬を感じる相手に、

「幸せになれてよかったね」

「ラッキーでよかったね」

「いい仕事ができてよかったね」

「楽しい時間がもててよかったね」

と、一瞬でも思ってみるのである。すると不思議と気持ちに余裕が生まれてきたりするものなのだ。

その瞬間、「自分は自分らしくやりさえすればいいんだ」ということに、ふと気付いたりするのである。


ところで、嫉妬の感情を反対にぶつけてこられたときはどうすればいいだろうか。

そんなものを露骨にぶつけてこられたら、「面倒だな、勘弁してくれよ」となるが、「迷惑だからやめてくれ」と相手を諭すことはできない。

嫉妬をぶつけられるのは自分にとって都合の悪いことかもしれないが、だからといって都合のいいことばかりを受け取るわけにはいかないのが人生だ。

半分の人が自分を肯定してくれれば、もう半分の人は自分を否定しても仕方ないなと私は思う。すべての人が自分を肯定してくれるなんてことは必要ないし、仮にそうであればちょっと気持ちが悪い。

たとえば、私の本を読んで、「桜井章一という人は偉そうに何好き勝手なことをいっているんだ！　ちょっと勘違いしているんじゃないか？」と私に直接文句をいってくる読者がいたとしよう。

しかし、そんなふうに毒づかれても私は、「あ、そうだね。君のいっていることもあるかもしれないね」でおしまいである。

私がいっていることを、絶対正しいこととして受け取ってほしくない気持ちもあるので、むしろどこかでほっとするかもしれない。

嫉妬の感情をもし人からぶつけられても、半分の人が自分を肯定してくれていればＯＫ

なのだと思って、スルーすればそれですむ話なのである。

「あまりにレベルが違えばあこがれの対象だが、相手が同じ土俵だと嫉妬を感じてしまうもの。自分は自分らしくやればいいと気付いてほしい。

媚びていると卑しくなる

麻雀で勝負をやっていた頃、私は楽な道が目の前にあればあえてそこに進まず、きびしい道を選ぶようにしていた。きびしい道は楽な道に比べて圧倒的に手数が増える。そうやって勝負師としての己を磨いていたのだ。

楽な道を選んでいたら必要のない知恵やら工夫やら行動といったものが求められるが、いつまで経っても力がつかず、いざきびしいこと、困難なことが起きても、それに対処することができない。

いつもきびしいほうを選んでいれば、きびしいことでも徐々に楽にこなせるようになるのだ。

そんな習性がいまだに残っているのか、私はいまでも気が進まないことをあえてすることがある。講演会でしゃべるのもその一つだ。

とくに企業が主催する講演会は苦手である。話すこと自体はぜんぜん苦手でもなんでもないのだが、私は企業人の役に立つ話をするのが嫌なのだ。というのも、私は人を効率と便利とお金の道具にしてしまう経済の論理というものから、距離を置きたいといつも思っているからだ。

でもたまには、苦手な経済の匂いがぷんぷんするところに出かけていって、どんな顔をした連中がいるのか見物するのも社会勉強になるか、そう思ってときどき講演を引き受けたりするのである。

会場に行くと、主催者が勝手につくった講演のテーマが掲げられている。「勝負強くなるための技術」「運を引き寄せる行動の手順」等々、いかにもといった題目がつけられていたりする。だが、私はそんな題目などまったく無視して、そのときの気分で話したいことを勝手気ままにしゃべる。

「ふだんなら話などしたくないような顔がいっぱい並んでますね……。あなた方の役に立つようなことはしゃべるつもりはないので期待しないでくださいね」。こちらはウケを狙うつもりはさらさらないが、そんな突き放すようなことをいうとかえってウケて場内が沸いたりする。

実際、話の内容が経済の論理に反するものであっても、聞き手というのは自分に都合よく解釈し、いいとこどりをするものだ。

講演が終わると、「いやあ、感銘を受けました」とか「仕事にとても役立ちそうです」などといって私の周りに握手してくれだの、サインをくれだのという人がたくさん寄ってくる。

そんなとき、前のほうにかたまっているのは、たいていこちらが一番接したくない、役職についた連中である。私は彼らを無視して、後ろにいる若い社員たちに「こっちにおいでよ」と話しかけたりする。若い世代ならまだ企業の論理に完全に染まっておらず、人間味のある会話ができるからだ。

このように私は、講演会にいっても媚《こ》びるということをまったくしない。

ふつうなら、どうだろうか。先生と呼ばれ尊大にふんぞり返っている輩《やから》でも、多少なりとも聴衆にウケる話をしようとするのではないだろうか。

「媚びないスタイルがまた桜井さんの売りになったりするんじゃないですか？」

そう思う人もいるかもしれない。だが、もちろん私は計算して媚びない態度をとっているわけではない。

以前、新宿の紀伊國屋ホールで出版社から頼まれて講演会をやったときは、壇上に孫を抱っこして上がった。講演の直前に舞台のソデで孫たちと遊んでいたから、その流れを舞台の上にちょっと持ち込んだのだ。

聴衆は最初、「なんだこの人は?」と唖然《あぜん》としたと思う。でも私には聴衆に媚びたり、どこかの先生のように構えて、額縁に入ったような「ためになる話」をしようなどという気持ちが、まったくないのである。

まったくの自然体で会場に来てくれている人たちと接し、桜井章一はふだんこんな感じで生活し、こんなことを考えているということが伝わればそれでいいやという思いがあるだけだ。だから孫を抱っこしながらしゃべるのも、桜井章一の生き方なのだなと思ってくれれば私としてはいいのである。

そもそも講演会は、こういうスタイルで話をしなくてはならないという決まり事など何もない。ルールにとらわれず、素のままに自由に生きればいいのだということを聴いている人が少しでも感じてくれればそれだけでＯＫなのだ。

とはいっても、講演会は先生らしくためになる話をきちんとしてくれるものでなくちゃと思っている人もいるだろう。

そういう人からすれば、「桜井章一というのは失礼な人だ、まったく常識がなっていない」と憤慨する対象になるかもしれない。

しかし、常識にとらわれない生き方をしてきたからこそ、そんなスタイルで講演会をしたりするわけで、失礼な人だと思われてもそれはそれで仕方がない。

むしろふだん自由な生き方をしておいて、講演会でだけ「裃《かみしも》をまとったような立派な話」をするなどという欺瞞《ぎまん》を、私は演じたくないのだ。


そもそも私はどんな相手であろうと媚びるということをしない。

大統領であろうとヤクザの親分であろうと大企業の社長であろうと、相手の立場によって態度を変えるということをしない。

幸いなことに、これまで媚びないで生きてこられたし、そのスタイルはこれからも変わらないだろう。

若い頃、傍《そば》で働いて人生勉強をしたいと思った人がやっている会社に、無給という条件で勤めていたことがあったが、そんなときでも営業で客に対して媚びた記憶はない。ただこれを買えばこんなメリットがありますよという事実を話しただけである。それでも他のどの社員より多く契約をとった。

じゃあ、働かせてくれている社長に媚びを売ったかというとそれもまったくない。社長の人間性に惚れていた私は、社長に対してはただ自分の素直な気持ちだけでいつも接していただけである。そこには当然、なんの計算も媚びもなかった。


あるとき「媚びる行為は生きていく上で必要な処世術といえるでしょうか？」と聞かれたことがあったが、この社会で生きていくには、ある程度それも必要な技術だとは思う。ただ多くの人は、実際は媚びる必要のないところにまで媚びているように私は感じる。

媚びるのはそもそも自分が弱い立場にいると思うからである。

そういってしまえばそれまでだが、この社会で生きていくにはどうしても立場上弱くて、相手に媚びを売らざるをえない局面がいろいろあると思う。仕事をもらうため、出世するため、お金を得るため、地位を得るため……。

すなわち立場が弱くて、欲の強い人間ほど媚びることも多くなるといえるだろう。媚びる相手は何も人間だけではない。

金が好きな人は金に媚びるし、権威が好きな人間は権威に媚びた生き方をするのである。ものすごいお金持ちで人に頭を下げる必要のない人間でも、金には媚びているのだし、権威を振りかざしている人も権威そのものには媚びているのである。

しかしながら、弱い立場だからといって、あまり媚びてばかりいるのもどうかと思う。媚びてばかりいる人間は必ず卑《いや》しさが顔に出てくるものだ。ある程度のところで媚びてしまうのは仕方ないかもしれないが、それは必要最低限にとどめたほうがいいと思う。人がそれぞれにもっている「矜持《きょうじ》」を汚《けが》してまで媚びるのは、人生をどこかで投げているのと同じだからである。

媚びた生き方をすれば楽なのかもしれない。
でも、たいていは必要ないのに媚びているようだ。
卑しい顔になるから必要最低限にとどめること。

あきらめて、あきらめない

勝負師には「最後まで勝負をあきらめなかった人」というイメージがあるらしい。そのせいか、「桜井さんは人生においてあきらめたことってあるんですか？」と聞かれたことが一度ならずある。

もちろん、私にだってあきらめたことは、これまで生きてきたなかで何度もある。

どんなときでもあきらめないで頑張るというのは、別にいいことでもなんでもない。ここであきらめずに頑張れば、かえって非常に危険だというときに、それでもあきらめなければその人は自滅するだろう。

たとえば、あなたがもしうつ病にかかって休職をすすめられているのに、頑張ってハードな仕事をこなそうとすればどうなるだろうか。あるいは、雪山登山で体力が消耗しきっているのに、なお頂上をめざそうとすればどうなるだろうか。

つまり、人生にはあきらめたほうがいいものと、あきらめないほうがいいものの二つがあるということだ。

あきらめるという言葉には後ろ向きな響きがあるが、じつは決断するとか、切り替えるとか、見切るとか、執着を捨てるといったかなり積極的な意味合いをもつ言葉なのだ。

何かを成し遂げようと長年頑張っているものの、どうも難しそうだ。そんなときはあきらめることなくもっと粘るべきかどうか、迷うものだ。

そこでなかなかあきらめきれないのは、「ここであきらめてしまうとこれまでの努力がゼロになってしまう。それはあまりにももったいない」と思うからだ。だが、あきらめなければ、もっと虚しい努力と時間を重ねることになりかねないのである。

あきらめれば別の人生があるわけだが、そっちのほうに、より大きな可能性があることは、いくらでもあるのだ。

そんなときは締切りを自分で設《もう》けるといいだろう。あと一年だけやってダメならあきらめようというふうに自ら線引きするのだ。司法試験に何度も挑戦できた頃の受験生のなかには、十年くらい挑戦し続けるような人もいたが、受験期間を設定した人としなかった人では、前者のほうが結局は合格率が高かったはずだ。あきらめないで頑張りすぎると、心身の消耗が激しくなるからである。

私が代打ちの勝負師をやめて雀鬼会を立ち上げたのも、ある意味、勝負師をあきらめたからこそできたことである。

勝つことがけっしていいことではないということに気付き、勝ち続けることに虚しさを覚えた私は、勝負師を続けることをあきらめたのだ。あきらめたおかげで雀鬼会が生まれ、非常に恵まれた幸せな時間を人生の後半においてもつことができた。

勝負師をやっていた頃の私と、引退してからの私とでは、まったく別の人間のような気がする。

勝負師の頃は、政財界のトップにいる連中ともしょっちゅう顔を合わせていたし、華やかな空気のなかを飛んでいるような気分だった。

その後、雀鬼会を立ち上げてからの私は、お金も何もない若い連中と一緒に、土の上を踏みしめながら歩いてきたように感じる。だが、若い連中とともに歩んできた約四半世紀のほうが、ほんとうの人生のように思えるのだ。

もし私が「勝つことの虚しさを乗り越えればまた別の境地にいけるんじゃないだろうか？」とでも思って、勝負師をあきらめずに続けていたら、どうなっていただろうか。

もしかしたら、私はその苦しさに耐えきれなくなって、「いっそ牌《パイ》など握れなくなってしまえ」とばかりに、牌をもつ指を切り落とすような真似をしていたかもしれない。

いずれにせよ勝負師としての自分の存在に耐えきれなくなって自滅していた可能性はあると思う。その意味で、私は勝負師をあきらめたことで、紛れもなく救われたのである。

ちなみに麻雀の勝負においては、私は勝負を捨てるという意味であきらめたことは一度もない。

しかし、別の意味であきらめることは幾度もあった。それは勝つことをあきらめて、「きれいな麻雀を打とう」と思ったときだ。

「この勝負、もしかして落とすかな」とふと感じたときに、勝てなくてもいいからきれいな麻雀を最後まで打とうと思ったのだ。ところが、そうやってあきらめると、不思議とツキが回りだして結局勝ってしまうのである。

それはあきらめることで力がいい具合に抜け、より柔らかく自在に麻雀が打てたからだろう。

あきらめるということは、頑張って力が入っている状態から、無駄な力みをとってくれる効果もあるのだ。

ただ、ほんとうに一〇〇%あきらめてしまえば放棄という形になるので、正確にいえば「あきらめてあきらめない」感覚というべきかもしれない。

あきらめてあきらめない。

そんな感覚が私の人生の背骨をなしていることはいうまでもない。


人生にはあきらめたほうがいいものと、あきらめないほうがいいものと二つある。あきらめるといっても無駄な力みをとる効果もある。

天然の笑いは爽快感がある

いまの人の感情は人工化しているということを先に述べたが、そのことがもっとも端的に表れているのは「笑い」ではないだろうか。

今日日《きょうび》テレビのスイッチをひねると、もっとも多く目に飛び込んでくるのは、お笑い芸人たちの姿である。彼らは天下をとったように、自分たちの笑いをところかまわずまきちらしている。

そんな連中の能天気な姿を見ていると、年間二万人以上の人間が自殺している現実が、まるで嘘のように思えてくる。

現実の世界で、感動がないことの裏返しとして感動物語が流行るように、お笑いがこれほど人気を博すのは、現実の生活に笑いがあまりないからなのかもしれない。

最近、居酒屋で働く道場生からそれを裏付けるような興味深い話を聞いた。客の笑い声を聞くことが以前より減ったというのだ。

もちろん、そのお店に陰気な客が大勢くるようになったということではあるまい。街を歩いていても電車に乗っても、表情の暗い人は以前より増えてきているように感じる。たしかに人々の顔からは、明るい笑いの表情は減ってきているに違いない。

テレビに出てくるお笑いのタレントたちは、たいてい大手事務所に所属して給料をもらっている人たちである。その意味で彼らが提供する笑いは、私にとっては資本主義の匂いがぷんぷんするし、それゆえ人工的なものを感じてしまう。

そのせいもあってか、私は彼らが自慢気にギャグをかましているのをみても、まったくおもしろいとは思わない。

おもしろくないのでお笑いタレントたちを売り物にしたバラエティ番組などほとんどみることはないが、もしこの手の番組を二十四時間見続けなければいけない羽目になったとしたら、私は一笑もしないで二十四時間テレビの前に座っているに違いない。

知り合いが「お笑いのライブ会場にいる客が全員桜井さんみたいな人だったら、出演している芸人たちはどういう反応をするんでしょうね?」と、意地悪なことをいっていたが、それこそ日本人の多くが私のような人間だったら、お笑い芸人たちはたちまち職を失い、路頭に迷うことになってしまうだろう。

それはまあ冗談として、なかには私がおもしろいなと感じる芸人も、数は極めて少ないが何人かはいる。

いずれももう過去の人だが、おもしろいなと思った芸人（喜劇俳優）はみな、天然のおもしろさを感じさせる人たちである。渥美清《あつみきよし》をはじめ、たこ八郎や由利徹《ゆりとおる》といった人たちがそうなのだが、彼らの笑いは芝居小屋という大衆に根っこを張ったところから生まれてきたものだからなのか、とても親近感を覚えるのである。

テレビでやっているお笑いはまったくおもしろくないと私がいうと、「桜井さんは世代的に古いからじゃないですか？」と突っ込みたくなる人もいるだろう。たしかに笑いは文化だから、世代によって笑いに対する理解や共感の仕方は少しずつ違う面はある。

あるいは、「桜井さんはもともとユーモアがなくて、ふだんから笑わない人なんじゃないか？」と想像する読者もいるかもしれない。

たしかに私をモデルにしている劇画や映画では、雀鬼はいつもクールで怖い顔をしているし、私の本の表紙に載っている写真も、たいていきびしい表情をしたものばかりだ。そんなイメージをもつ人からすれば、「桜井さんてあまり笑わない人なんだな」と思われてもおかしくない。

もっとも、この手の写真は出版社が勝手に私を勝負師というイメージで売りたいがために選んでいるだけなのである。

実際の私はまったく違う。もちろん麻雀を打っているときはきびしい顔をしているだろうが、そうでないときはしょっちゅう笑っている。道場なんかでは誰よりも一番よく笑っているし、みんなが笑える状況をいつも率先してつくりだしている。

道場で起こる笑いはすべて手づくりの天然のものだ。

自分からすすんでバカなことをやってみたり、テレビのどっきりカメラのように道場生にいたずらを仕掛けることもある。

以前、道場には「楽しくなければ道場じゃない、会長は楽しくなければ会長じゃない」という標語が壁に貼ってあったが、道場はほんとうにいつも笑いに満ちている。

同じように、「楽しくなければ人生じゃない」と思ってもいいのではないだろうか。

しかし、道場生たちはもともと陽気で明るい性格をしている子ばかりではないのだ。むしろ、道場の外では「あいつ暗いな」といわれるような子もけっこういる。

たとえば、親から愛情をもらえなくて心を暗く閉ざしているような子もいれば、職場で大きなストレスを抱え、大きな不安を抱いている子もいる。

だが、そんな子でもいったん道場の扉を開けると、その瞬間から笑顔になるのだ。「幸福だから笑うのではない。笑うから幸福なのだ」と聞いたことがあるが、まさに笑いは人に波のように伝わって、幸せな気分にしてくれるのである。

どこかズレているけれど、本人にその自覚がないまま大真面目になんでもやったりするキャラの持ち主が、道場生のなかには昔からたまにいた。この手のタイプは天然の笑いをしょっちゅう提供してくれ、いまでもすごく印象に残っている。

伊豆の海に行ったときに、河口に流れ込んでいる用水路のような小さな川が遊泳場にあった。その川は助走をつけなくても、軽くジャンプすれば簡単に越えられるほどの狭い幅しかなかった。

みんながやすやすと川を越えているなか、件《くだん》のズレている道場生が、わざわざ遠くから助走をつけて真剣な表情で飛び越えようとした。

ところが彼はひどい運動音痴だったので、川を飛び越えることができずバランスを崩し、胸から見事に川へ突っ込んでしまったのだ。

まるでギャグ漫画の一コマであるが、こういう自然と出てくる笑いが私は一番好きなのである。

テクニックでつくった人工の笑いは天然の笑いにかなわない。自然と湧き起こる天然の笑いは、笑った後に爽快さがある。心の澱が吹き飛んでしまうような後味のよさがそこにはある。

私は毎日、道場でこうした天然の笑いに包まれているので、わざわざプロのお笑い芸人から笑いをもらおうという発想がよくわからない。

天然の笑いのなかには、ちょっとわかりづらい不思議な笑いもある。

「昔ある高名な禅僧が雲にかかる月をみて大笑いをしたという逸話がありますが、何がおかしかったんでしょうね？」

そんなことを聞かれたことがあった。それは月にかかる雲が人の顔に見えたり、何かの動物に見えたりしておかしくなったのかもしれない。あるいは、禅僧が自然の感覚に満たされてなんとも心地よくなってしまい、それが、えもいわれぬ笑いへ昇華されたのかもしれない。

道場では体を使って感覚の世界を道場生たちに体験させたりする。そのとき、彼らの顔は一様にゆるみ、笑みが自然とこぼれたりする。

人間の体が本来もっている感覚の世界は、それに触れるとなんともいえず気持ちがよくなるものなのだ。

おそらく禅僧も、月やそこにかかる雲の姿を見ているうちに体の微妙な感覚が刺激され、気持ちよくなって自然と笑みが溢れだしたのかもしれない。

笑いというのは、よく考えると不思議な感情だ。

笑いは常識や社会のルールから一瞬、人を解放し、何ものにもとらわれない伸びやかな気持ちにしてくれる。つくられた笑いにはそれがない。

もしこの世に幸せをはかるモノサシがあるとすれば、それは人生において天然の笑いがどれだけあったかで決まるのではないだろうか。

笑いは人を解放し、伸びやかにしてくれる。
人生の幸せは、天然の笑いを
どれだけつくれるかで決まるといっていい。

尊敬する人をもたない理由

それにしても、人はなぜ誰かを尊敬したくなるのだろうか。

それは水が高きから低きに流れるように、下にいる人間は上にいる人間が何か価値あるものを授《さず》けてくれるだろうという期待を、どこかにもっているからだと思う。

価値あるものとは、知識や生き方やコネクションや金である。そうしたものを尊敬する人からもらったり、学んだりできると思うから、その人を尊敬するのだ。

私は知識のある人や能力のある人、あるいは地位のある人やお金のある人などから、別に何も学ばないし、何かを授かろうとも思わない。

反対に、世間的に尊敬される人たちとは逆の、ダメだと思われているような人たちから多くのことを学んだりしている。

たとえば道場にいる子たちからは、いつもいろいろなことを教わっているし、形にならなないたくさんのものをもらっていると思っている。

負けず嫌いが過ぎてしょっちゅう自滅してしまう子、一〇〇回説明してやっと一つのことを理解できる子、上から目線が沁《し》みついた振る舞いが抜けず仲間からいつも浮いてしまう子、考えることにとらわれて気付きができない子……、「ああ、なんでこんなことをするんだろう?」とか、「ほんと人間というのは幅の広い生き物だな」とか、彼らからはほんとうにさまざまなことを学ばせてもらっている。


私は知識をたくさんもった学者や、世間的に評価の高い経営者など、社会的に尊敬される立場の人たちと仕事で会う機会も多い。

しかしながら、「この人から何か学びたいな」と思えた人は、これまでほとんどいたためしがないのである。

このように、上より下の人間のほうがはるかにたくさんのことを教えてくれると思っていることが、私が尊敬する人をもたないもう一つの理由である。

上にいる人から何かを学ぼうというのは、自分もまた上にいきたいという欲があるからである。

その意味で尊敬する人から学ぼうという姿勢には、どこか卑しいものも混ざっていたりすると思う。

もしあなたが尊敬を掛け値なしに美しい感情と思っているなら、それは錯覚だと思っておいたほうがいいのである。

「尊敬する人から学ぼうとする姿勢に卑しいものが混ざっていないか。自分も上にいきたいという欲からきていないか？

第五章　平常心で生きる

風まかせで生きる

悩みが極まって頭を抱えて生きているような人がいる。

ちょっとした落ち込みがきっかけになって自分をどんどん追い込み、深刻な状態にはまってしまう人がいる。

「自分は正しい」とか「○○はこうあるべきだ」と強い思い込みをもっている人は、いったん引っかかることがあると、周りとの落差からますます自分を追い込んでいきがちだ。

私がこれまで絶望にとらわれたり、深刻になったりしたことがなかったのは、ヨットのように、いつも「風」が自分を動かしていると感じながら生きてきたせいかもしれない。

もちろん、人が動かしてくれている部分もあるが、最終的には風が私の人生を動かし、風が決めてくれたような気がする。

風というのは正確な言葉にするのは難しいのだが、あえていえば自然の感覚から生まれた何かである。

そんな風まかせな生き方をしているから、苦しいことがあってもそれをさっと早めに片付けてしまえるのだと思う。自分のなかで苦しみを抱え込み、知識や思考に頼って「こうあるべきだ」とか「こうするべきだ」といった強い気持ちでその苦しみを膨らますことがないから、悩みの迷路にはまらずにすんだのだと思う。

私はちょっと辛いことや嫌なことがあると、「たいしたことない」「知ったこっちゃない」という二つの言葉をよく口にする。

人は目の前にある苦しさにとらわれると、人生がすべてそれで塗り固められてしまうかのような気分になったりする。

だが、冷静に眺めると、いま悩んでいることは自分の人生のごくごく一部にすぎないことが見えてくる。仮に現在自分に起こっていることが一〇〇個あるとすれば、その悩みはそのなかの一つにすぎない。そう考えれば、行く手を遮《さえぎ》るかのような悩みでも、「たいしたことない」と思えるはずだ。

しかし、そうとらえるには、ふだんから感情の整理整頓ができていないといけない。そうでなければ、その一〇〇個がぐちゃぐちゃになって、一〇〇分の一という冷静な見方ができなくなってしまう。

もう一つの「知ったこっちゃない」については、自意識というものと密接な関係がある。

人はけっこう誰でも自意識過剰な面をもっているものだ。自意識過剰というのは他人の目を必要以上に意識するということだ。だが人は、こちらが思っているほど関心をもってくれないものである。仕事で何かミスをしたとき、人からどう思われるか、あるいはどう評価されるか、気にしすぎるとろくなことはない。

もちろん相応の反省は必要だが、やってしまったことは仕方ないのだ。人からどう見られようと「知ったこっちゃない」し、すんでしまったことは「知ったこっちゃない」のだ。

生きている限り、辛いことや嫌なことはいくらでもある。

問題の起こらない人生なんてないのだ。「たいしたことない」と「知ったこっちゃない」。この二つの言葉は私にとって、マイナスの感情を膨らませないための何よりのおまじないなのである。

「生きている限り、嫌なことと辛いことばかりだ。
「たいしたことない」と「知ったこっちゃない」の
二つの言葉でマイナス感情を膨らませない。

泣いて感情を整える

悲しいときは泣きたくなる。

泣きたいときは我慢することはない。

悲しくて泣きたいのに我慢するのは、悲しい感情を否定することにもなり、余計に悲しさを募《つの》らせる結果になるものだ。

女性は素直に悲しさを感じて泣いたりすることができるように思うが、男は「めったなことで泣くものではない」と教育されているので、なかなか素直に泣くことをしない。泣くと自分が弱虫になったようで、男は存分に泣けないのだ。

もっとも昔に比べると、男もけっこう泣くようになった気がする。スポーツ選手が試合に勝って感極まって泣くような光景は、昔は今ほどはなかった。

ちょっとしたことですぐに泣いてしまうのはどうかという気がするが、泣きたいときに泣けるのはけっして悪いことではないと思う。

泣くとすっきりするとよくいうが、それは泣くことで感情の流れがよくなるからである。

女性が失恋から立ち直るのが早いのは、大いに泣くことで感情の整理ができるからだ。感情の整理ができれば感情の流れがよくなって、悲しさとは別の感情が入ってきやすくなる。

泣くことの効用を考えれば、泣くことはもっと見直されていいのだ。男だって泣きたいときは無理に我慢せず、泣いてしまえばいいのである。

私は素の感情を大事にしているので、泣きたいときは人前でも我慢することなく泣いてしまうこともある。

昔、いまの女房と結婚をしたときも私は泣いた。感動して泣いたのでなく、「これからがたいへんだ」と思って思わず泣いてしまったのだ。家内はそれこそたいへんな女性で、家のなかは昔もいまもしょっちゅう暴風が吹いているような有様である。

家内は私が家庭教師をしていた子だった。その頃から「この子はたいへんだな。でも俺が責任をもって面倒をみなければ誰がみるんだ」という気持ちが強かった。当時は他に何人もの女性と付き合っていて、みな結婚すればいい家庭が築けるだろうなと思うタイプばかりであった。

だが、そうした女性を選ばず、トラブルが一緒にくっついている女性をわざわざ妻に選んでしまったのだ。だから結婚式で、「俺の根性があれば、一年はもつかな……」と思いながらも、先のことを考えてつい泣いてしまったのである。

「ああ、たいへんだなあ」という、その予想はたしかに当たっていた。

だが、そのたいへんさは同時に、人生をおもしろくしてくれるものでもあった。

おそらく家内とは違う別の女性と結婚していれば、波風の立たない穏やかな家庭が築けたかもしれない。しかし、私の性分ではきっと退屈していたと思う。

家内のおかげで私は日々、感情の起伏に富む体験をさせてもらっている。

「ああ、まいったなあ～」と思いながらも、そのことにはとても感謝したい気持ちなのである。

「男だって、我慢しないで泣いたらいい。
感情の整理ができれば流れがよくなって
悲しさとは別の感情に移りやすくなる。

自尊心は、「軽く」もつ

その男は突然道場にやってきた。何やら危うい雰囲気が全身から漂っている。Tシャツには「危険人物」「近寄るな」という言葉が大きく躍っている。まったくそのまんまだ。

一昔前、一世を風靡《ふうび》したこともあるその男は、腐っても鯛とばかり、昔の栄光にいまだにしがみついている。そんな心持ちが挙動の端々から垣間見える。かつての華々しかった看板はいまだ背中に背負われたまま。だが、とうに文字も色もあせてしまい、何が書いてあるのかすっかりわからなくなってしまっている。

振る舞いはヤクザそのもの。「危険人物」「近寄るな」は洒落《しゃれ》にもなっていないが、本人は本気でそれが恰好いいと思い込んでいる。

これは昔付き合いのあった、プライドの高い知人が訪ねてきたときのことだ。

プライドというのは厄介なものだ。厄介だが、人はみなプライドという自尊心をエンジンにしないと生きていけない。

傲慢で、いつも威張っているような人の自尊心はわかりやすいが、非常に謙虚で控え目な感じの人も自尊心はもっている。むしろ自尊心がわかりにくいタイプの人の自尊心のほうが、いざとなるとけっこう厄介で扱いにくいものかもしれない。


自尊心というものは、なるべくなら軽くもったほうがいい。

自尊心を重くもつ人は、自分の人生を生きづらくする。

道場にも変にプライドの高い子がたまにいる。権威主義でブランド志向の強い親に育てられたために、そうなってしまった子もいれば、偏差値がトップクラスの難関大学を出たというプライドに、しがみついている子もいる。

そんなプライドは、ちょっとした行動にすぐ表れるものだ。私は機会を見つけては「そんな屁にもならないもの、後生《ごしょう》大事に抱えてんなよ」と彼らにいう。そして、あえて彼らのプライドをイジって揺さぶったりするのである。

そんなことを繰り返しやっているうちに、彼らのかたくなだったプライドも徐々にほぐれてきたりするのだ。

プライドという言葉にはいい響きもあるが、マイナスの要素も多分に含まれるのである。

ぎりぎりのところでプライドというのは大事だが、それが強すぎると、いろいろなところで足を引っ張られることになる。

プライドをどういう方向でもつか、たとえば自分の際限のない欲を満たすためにそれがあるのか、あるいは納得いく生き方をするためにあるのか、その方向が少し違うだけでも、生きざまは大きく変わってくる。

会社で威張りたいために出世していくような人のプライドは、ほんとうに屁のようなものである。本人はそのことに鼻高々で誇りをもっているかもしれないが、そんな誇りは、他人からすればゴミやホコリと変わらない。そんなものは、ほんとうはゴミ箱にでも捨ててしまったほうがいいのである。

あなたのプライドは、ホコリのようなものになっていないか、ときにはじっくり見つめてみるといいと思う。

「プライドは大事だが、強すぎてしまうと
いろいろなところで足を引っ張られる。
間違えると、生きざまが大きく変わってしまう。

「満足」より「納得」

人は何かを得たいと思ったら、ふつうその欲を満たそうと頑張る。

つまり、人は満足ということを目標に仕事をしたり、ふだんの生活を送っているわけだ。だが、満足したらそこで終わりではない。

たとえば、あんな服が欲しいと思って買うとする。そうやって春夏秋冬オールシーズンにわたって必要な衣類をそろえたとしよう。

ところが、そこですっかり満足してしまって服はもういらないというふうにはならない。必ず、「この服はもう飽きたから違う服が欲しいな」となるのである。たとえ、モノに対する欲が薄くなっても、今度は名誉欲や知識欲といった精神的なものへの欲求が、その代わりに高くなったりする。歳をとれば健康欲というものも出てくる。

つまり人の欲望には限りがない。生きている限り、ここで終わりということがないのである。

しかし、欲はいつも満たされるとは限らない。むしろ満たされずに不満が残るもののほうが圧倒的に多いのではないだろうか。満たされなければ当然、ストレスが溜まり、心は苦しくなる。欲の量が多いほど葛藤もまた増えるのである。

そんな苦しみを減らすには欲を減らすしかない。よく「足るを知れ」といったことをいう人がいるが、そう簡単にできないからみんな悩むのである。

いまのように情報が氾濫《はんらん》している環境で生活していれば、絶え間なく欲望は刺激される。そんなところで「足るを知る」のはたしかに難しいことだろう。

それでは何かいい方法はあるだろうか。たとえば、生き方の軸足を「満足感を求める」ことに置くのではなく、「納得感を得る」ことに置くのも一つの解決策だと思う。

私自身、勝負でも生活でも仕事でも、満足感を求めるのではなく、納得感を得ることをいつも心がけてきた。

勝負においては勝つことだけを求めず、いい戦い方をすることだけを自分に課した。生活や仕事においては、目標や目的だけを追いかけるのではなく、一つひとつの小さな過程に納得いく行動を重ねていった。

するとおもしろいことに、納得感がいつもあれば、心は「あれが足りない、これが足りない」と何か足りないものに反応したりせず、いまあるもので足りていることに気付きだすのである。

それはこんな感じだ。満足感を求めているとき、一〇のものを求めて四しかないとすると、四をよく見ないで足りない六の部分に気がいってしまう。しかし、納得感をもって生きると、すでにある四のなかに疎《おろそ》かにしていたものがいろいろあることに気付く。そして、四を大事にすればそれだけで十分に足りることがわかってきたりするのだ。

満足感は瞬間的に満たされてもすぐ別の不満が頭をもたげるが、納得感があれば足りていないと思われる状態でも十分足りることに気付く。満足感を求める生き方は絶え間なく心を不安定な状況にさらすが、納得感は生きることにたしかな手ごたえを与えてくれる。

満足は常に新しい不満と葛藤を生み続ける。

そんな満足は捨て、納得だけを拾いにいく。こうして満足感を納得感に置き換えていけば、人生が描く軌道はおのずと変わっていくことだろう。

「欲は原動力になるが、完全には満たされない。
満足を求め続けるし、葛藤も増えていく。
納得感は手ごたえを与えてくれるのだ。

平常心は「力を抜いた状態」

「平常心でやりたい」というのは、「本番だから気合いを入れて頑張ろう」と変に力を入れたりせず、肩の力を抜いてやりたいという気持ちの表れである。力がいい感じで抜ければ、潜在している力がもっとも発揮できることをみな体で知っているのだ。

だが、平常心は、意識をしている段階ですでに平常心ではないのだ。

平常心とはあくまで何も考えず自然な状態にある心のことなのだから、平常心を意識して平常心を保とうというのは矛盾したことなのである。これは焦りの感情とは対極にある。焦れば焦るほど〝常の心〟は遠ざかる。

本番で平常心を保つことが難しいのは、意識して何かをしようとすれば、必ず力が入るからである。私は道場に取材にきた人に、「力を抜いた状態」というものを、牌をもつ動作を通して、実際に体で感じてもらうことがある。

指先や肘《ひじ》や肩などどこにも力が入っていない状態で柔らかく打つのはかなり難しいことがわかる。力を入れまいという意識が、動作に微妙な強張《こわば》りをもたらすのだ。ところが力を入れまいという意識をふと忘れて打つと、力がけっこう抜けたりするのである。

もっとも完全に力が抜けた状態で柔らかく打つことは、ほとんど不可能である。私だっていつも一〇〇％完璧な状態で打てているわけではないのだ。

ほとんどの人は、ふだんから仕事でも生活でもなんでも力を込めてやることが習慣になっているので、力を入れることは簡単にできるが、抜くことには慣れていないので、そう容易《たやす》くはできないのである。

平常心とは〝常の心〟である。本番も〝常の心〟でのぞむことができれば、本番というものは存在しなくなる。〝常の心〟に本番を収めることができれば、本番は特別なものでなくなり、練習と本番の境は消えてなくなるだろう。

では、本番で力まないようにするにはどうすればいいのだろうか。

それにはまず、納得のいく練習や準備をきっちりとすることが大前提となる。

練習や準備が不十分であれば、当然ながら本番では緊張したり萎縮《いしゅく》したりしてしまうだろう。満足のいく練習でなく、納得のいく練習をしっかり重ねていれば、本番だからといって、そう心が強く揺れることはないはずだ。

あとは勝とうという欲にあまりとらわれないことだろうか。

「絶対勝ってやる!」と勢い込むと、力が入っていい動きができなくなってしまう。相手と競争するというより、あくまでいい勝負をつくるということに気持ちの軸を置くことだ。心の強張りはそんなところからほどけていくはずだ。

最初に私は「ふだんは誰でも平常心をもっている」ということをいった。

平常心とは字の通り、「心が平らかで落ち着いている状態」である。しかし、最近は周りを見渡すと、ほんとうに「誰でも平常心をもっている」といえるのか疑問に思えてくる。

ふだんから本番さながらの緊張をしている人、感情の波がいつも高い人、感情そのものが死んでいる人……、平常心で生きているとはちょっといい難いタイプの人が、いまかなり増えているからだ。いまや、本番だけでなく、ふだんにおいても平常心が求められる妙な時代になってしまったのかもしれない。

「力がいい感じで抜ければ力を発揮できる。
焦れば焦るほど平常心から遠ざかる。
ふと忘れたころに力が抜けたりするものだ。

心には温度がある

私の道場にはさまざまな来客があるが、そこで初めて会うような人でも「この人の心の温度（心温）は高いな」とか「おそろしく低いな」といったことが私には瞬時にわかる。

いろいろな人と接して思うことは、いまの人の心温は、地球温暖化と反比例するかのように、昔と比べてずっと下がってきているということだ。

長い間海で泳いでいたり、冬山で遭難したりすると、体温が平熱より下がる低体温症にかかることがある。いってみれば、いまの人は心が低体温症にかかっているようなものかもしれない。

心が低体温症になってしまったのは、やはり経済最優先の環境のなかでみな生きているせいであろう。

経済的な価値観が強いと、人間の思考や行動パターンは非常に合理主義的、効率主義的なものになっていく。それは仕事を離れた人間関係にまで影響を及ぼし、そのために人と人との間で交《か》わされてきた温かみのある付き合いというものが、どんどん姿を消していくのである。

地方にいくと人が温かく、都会の人間は冷たいというのは、都会の人間のほうが人間関係を合理的に処理してしまうからであろう。

「あいつは冷たいな」と感じさせる人は、たいてい合理的な計算を頭のなかで絶えずしている人である。

それでは心温が高ければいいのだろうか。

よく熱血漢といわれるタイプがいるが、こういう人は何かの拍子に急速に心の温度が下がることがある。つまり熱しやすく冷めやすいのだ。

熱血漢の情熱にほだされて何か行動を共にしていても、途中で熱血漢だけがどこかに行ってしまって、「おい、待てよ」というのはよくある話だ。

熱血漢というのはあまり信じないほうがいいのである。

一番いい心の温度とは、熱くもなく冷たくもない適度な温度をもっていることである。

「心温かきは万能なり」ということを私はよくいうが、適度な温かさをもった心というのは力をもっている。

ささくれだった心、怒りで溢れた心、不安にとりつかれた心……、そんな強張った感情に適温の心が接すると、それは次第にゆるみ、ほぐれていく。ちょうど加減のいい温かいお湯に体をつけると体温がほんのり上がって気持ちよくなるが、まさしくそれと似ているのだ。

そんな心の適温は誰でも瞬間的にはもてる。

しかし、それを持続させることがなかなか難しいのである。

心が適温をもっているときは、気持ちが落ち着いて心地いい。あなたの心の温度はいまどのくらいだろうか。

一番いい心の温度というのは、熱くもなく冷たくもない温度。適度に温かい心は万能である。

身構えず生きていく

感情は水のように柔らかく流れているのが理想だ。

柔らかく流れている感情は、心が何ものにもとらわれていない状態にあるからだ。夜空を照らす月が流れゆく雲にかかって姿が隠れたり見えたりするように、喜びや悲しみといったさまざまな感情が澱みなく、現れては消えていくのが自然な感情の姿だ。

このように感情が絶え間なくゆるやかに流れていれば、心が変に波立つことはないだろうが、現実にはなかなかそうはいかない。

よくスポーツでは「もっと力を抜いて」ということを指導するが、心にも強張りがあるほど感情の流れが悪くなる。ところが、心の強張りを完全に取り除くのは、体から完全に力を抜くのが難しいように、そうそうできるものではない。大なり小なりどんな人でも、心の強張りは避けられないものなのだ。

心の強張りは、いうまでもなく心が何かにとらわれることから生じる。

怒りの感情を抱えていたり、後悔の気分を引きずっていたり、悲しみに覆われていたり……、とくに何か強い感情が支配しているときは、心が思いっきり強張っている状態になってしまう。

体は正直なもので、心の強張りを如実に表してしまう。

私は、道場で牌を打つときは力を抜いてできるだけ柔らかく打てと教えているが、心の強張りが微塵もない状態で牌を打った道場生をこれまで見たことがない。どんなに力の抜けた柔らかい打ち方をしているように見えても、よく見ると指先や肩などに微妙な力が残っていたりする。

牌を柔らかく打とうと心が構えると、その構えが心の強張りになって今度は体に反映されるのである。

仮に意識の上で構えがなくなっても、人間は無意識のレベルで構えていることが多い。無意識のレベルで構えている人は、その構えをなくすことが非常に難しい。

以前、かなり鋭い感覚をもった知り合いの武道家が道場に遊びにきたことがあった。彼は新しい武道をめざしていた。それは力と力がぶつかる武道とは違い、体の素の感覚をフルに使って相手の攻撃技を受けたり、かわしたりするというものだった。

私自身、感覚を使った体使いがそれなりにできるので、数少ない理解者を求めて私のところにやってきたのだろう。

技術を超えた感覚の世界に軸を置いている武道であるゆえ、理屈だけでは到底理解できない。そんな体の微妙な感覚をめぐって話をしているうちに、「じゃあ、ちょっと組んでみよう」ということになった。

まず、お互いに腕をからめた状態になり、私がスッと相手の脇に手を入れようとした。すると彼は脇を閉じて私の手が入ってくるのを防ぐのである。

私が「守りの構えになっているよ」と指摘すると、「何もしていませんよ」とにこやかにいう。そこでもう一度組み直してやってみたものの同じだった。

いくら私が手を入れようとしても、条件反射のように防御の構えになってしまう。何度やっても同じことだった。

おそらく体の防衛本能が無意識に働いてそういう反応が起きるのだろう。そんなレベルに達するまで相当な訓練を重ねたのかもしれないが、同時に元からある根の深い「構え」を、私は感じずにはいられなかった。

この構えが無意識に強く張っている限り、その人の武道には進歩はないだろうなと感じた。感覚の核心に触れた体使いが自在にできるようになるには、構えがあってはならないからだ。

心の構えは、敵から襲われたときに備えて本能的になされるものであり、生きていく上では大事なものだが、それが過ぎると心の強張りとなって、感情を滞らせることになってしまう。

構えというものは、壁のようにがっちりともってはいけないのである。

「構えて構えない」。そんなゆるやかな構えができることが望ましい。

もっとも、人は構えによって自分の存在感を表す生き物でもあり、構えを空気のように見えなくしてしまうのは矛盾したことでもあるのだ。構えをなくすことの難しさはまさにそこにあるのである。

「壁のように身構えてはいけない。

「構えて構えない」。

そんなゆるやかな構えができることが望ましい。

〈著者略歴〉
桜井章一（さくらい　しょういち）
雀鬼会主宰。東京都生まれ。大学時代より麻雀を始め、昭和30年代からは裏プロの世界で勝負師としての才能を発揮。“代打ち”として20年間無敗の伝説を築き、“雀鬼”と呼ばれる。著者をモデルにした小説や映画などで、その名は広く知られるようになる。『人を見抜く技術』（講談社＋α新書）、『雀鬼語録　桜井章一名言集』（プレジデント社）ほか著書多数。

本書は2016年にPHP文庫として刊行された『感情を整える　ここ一番で負けない心の磨き方』（PHP研究所）を再編集したものです。

新装版
感情を整える

2024年7月11日　第1版第1刷発行

著　者　桜井章一
発行者　岡　修平
発行所　株式会社ＰＨＰエディターズ・グループ
〒135-0061　江東区豊洲5-6-52
☎03-6204-2931
https://www.peg.co.jp/
発売元　株式会社ＰＨＰ研究所
東京本部　〒135-8137　江東区豊洲5-6-52
普及部　☎03-3520-9630
京都本部　〒601-8411　京都市南区西九条北ノ内町11
PHP INTERFACE　https://www.php.co.jp/
組　版　朝日メディアインターナショナル株式会社
印刷所
製本所　図書印刷株式会社

ISBN978-4-569-85747-3